의료윤리

MEDICAL ETHICS: A Very Short Introduction, Second Edition

Second edition was originally published in English in 2018.
Korean translation rights arranged with Oxford University Press
through EYA(Eric Yang Agency).

첫단추 시리즈
039

의료윤리

마이클 던 · 토니 호프 지음
김준혁 옮김

교유서가

차례

제 1 장

왜 의료윤리는 흥미로운가?

의료윤리는 다양한 부류의 사람들에게 호소력을 지니고 있다. 사고파와 행동파, 철학자와 운동가. 의료윤리는 큼지막한 윤리 이슈를 다룬다. 이를테면 안락사의 윤리 같은 것이다. 의료윤리는 우리를 정치의 영역으로 이끌기도 한다. 한정된 보건의료 자원을 어떻게 분배할 것이며 결정 과정은 어떻게 이뤄져야 할까와 같은 질문을 던진다. 의료윤리는 법적 문제와도 관련이 있다. 안락사를 시행하는 의사의 행위는 늘 범죄를 저지르는 것으로 봐야 할까? 정신질환자의 의지에 반하는 강제적인 치료는 어느 시점에 시행해야 될까? 의료윤리는 선진국과 개발도상국의 바람직한 관계를 다루는 국제적인 이슈로까지 우리를 이끈다.

현대 과학은 새로운 윤리적 선택지를 만들어냈고, 우리의 통념을 바꾸고 있다. 인간 복제는 여러 영화에 영감을 주었지만, 인간에게는 걱정거리를 안기고 있다. 유전자 구조와 유전자 관련 건강 위험에 관한 세세한 정보를 이제 타액 표본이나 화면 접촉을 통해 얻을 수 있다. DNA 편집은 더이상 미래의 이야기가 아니다. 생식 의료는 아직 태어나지 않은 이들, 더 나아가 이전의 의료로는 아예 존재하지 않을 누군가의 권리와 이익을 어떻게 생각할 것인지에 관한 추상적인 질문을 던진다. 이런 질문을 곱씹다보면 의학을 넘어 인류 미래에 관한 책임도 고민하게 된다.

의료윤리는 형이상학부터 사소한 문제까지를 포괄하며, 큰 이슈뿐 아니라 일상적인 의료행위와도 관련이 있다. 의사는 환자의 생명을 다루므로 그들의 일상은 윤리적 긴장으로 가득차 있다. 만약에 치매에 걸린 노인 여성이 급성 질환으로 생명이 위독하다면, 이 여성을 가능한 모든 약제와 의술을 사용해 병원에서 치료해야 할까? 아니면, 가족들이 동의하지 않을 수 있지만 집에서 편하게 지낼 수 있도록 해야 할까? 물론 이런 일은 뉴스에 나올 만한 큰 이슈는 아니지만, 오든(W. H. Auden)의 시 「미술관에서」에 나오는 옛 거장 화가들이 알고 있었듯이, 우리의 삶에서 가장 중요한 것은 일상이다. 의료윤리를 공부하면서 이론을 파악할 준비가 되어 있어야 하며 사색에 시간을 들이고 상상력을 활용해야 한다. 그렇지만 무엇보다 현실적일 수 있도록 준비해야 한다. 다시 말해 간단명료하며 실제적인 접근을 통해 삶의 행위에 민감할 수 있어야 한다는 것이다.

의학, 간호학을 공부하면서 주안점을 두는 것은 임상적 의사결정 과정에서 과학적 증거를 활용하는가이다. 의료윤리에서도 그 점을 중요시하지만, 보건의료결정의 핵심적 측면은 가치라고 여긴다. 다시 말해 의학의 과학적이고 기술적인 측면이 증거를 통해 평가, 정당화되어야 하는 것과 마찬가지로, 윤리적인 가정, 가치, 논증 또한 분명히 표현되고 변호되어야 한다는 것이다.

철학자이자 문화역사학자인 이사야 벌린(Isaiah Berlin)은 톨스토이를 다룬 글 첫머리를 다음과 같은 문장으로 시작한다. 그리스 시인 아르킬로코스의 시 중에 이런 구절이 있다. "여우는 많은 것을 알지만, 고슴도치는 중요한 하나를 안다." 벌린은 여우와 고슴도치의 비유를 통해 '작가와 사상가를, 사람의 일반적 유형까지도 구분할 수 있는 기준'을 제시한다(도판 1 참조).

고슴도치는 중요한 관점 하나에 모든 것을 연결 짓는 사람을 의미한다.

(a)

(b)

1. 당신은 고슴도치와 여우 중 어느 쪽인가?

이해하고 생각하며 느끼는 부분에서 체계가 어느 정도 일관되거나 명확하다. 유일하고 보편적이며 체계적인 원칙을 통해 자신에 관한, 자신이 말하는 모든 것이 유의미하다고 말한다.

그에 비해 여우는 다음과 같은 사람들이다.

여러 목표를 좇으며 그 각각은 연관성이 없거나 모순될 때도 있다. 연결되어 있다 해도 실질적인 부분에서일 뿐이다.…… 그는 살고, 행하며, 즐기는 데에서 구심적이기보다는 원심적이다.…… 다양한 경험의 본질을 좇지만…… 변화하지 않고 모든 것을 껴안으며…… 통합적인 내적 관점에 경험을 맞추진 않는다.

벌린은 고슴도치형으로 단테, 플라톤, 도스토옙스키, 헤겔, 프루스트 등을, 여우형으로는 셰익스피어, 헤로도토스, 아리스토텔레스, 몽테뉴, 조이스를 꼽았다. 벌린은 톨스토이가 본성상 여우였지만 고슴도치로 살았다고 말했다.

이 책을 쓴 우리는 둘 다 여우형이고, 최소한 그렇기를 바란다. 우리는 통합적 관점을 제공하고자 하는 이들의 지적 견고함을 존경하지만, 풍성하면서도 모순적이며 때로 혼란스럽기까지 한 벌린의 여우가 가진 관점을 선호한다. 이 책에서는 단 하나의 윤리 이론을 통해 여러 문제들을 논의하지 않는다. 이 책은 의사, 간호사, 물리치료사, 기업인, 연구자, 환자, 가족 중 어떤 특정한 사람에게 더 맞거나 하지 않는다. 제목이 '**의료**'윤리이지만, 질환과 질병을 치료하고 관리하며 그에 관한 연구를 수행하는 모든 측면을 망라하고 있다. 보건, 의료 전문가가 함께 일하는 광범위한 활동 모두를 다룬다. 또한 명백하게 의료적인 것이라고 말하기 어려운 윤리 이슈라 해도 그것이 병원, 수술실, 요양원, 심지어 환자의 집에서 벌어지는 모든 종류의 돌봄과 관련된 것이라면 다루고 있다.

각 장에는 나름의 윤리 이슈가 있다. 전반적으로는 다양한 입장을 반영했지만, 때로는 특정한 결론을 향해 논증해가기도 한다. 또한 보건의료 전문가와 사회가 복잡한 윤리 문제를 다룰 때 쓰는 방법과 같이 타당한 논증법이라면 모든 수단을 다 활용했다.

의료윤리의 특수성에 관하여

의료법, 정치운동, 의료 관련 사회과학 같은 활동으로부터 의료윤리를 구분하려면 논증이 하는 역할에 대해 짚고 넘어가야 한다.

논증은 의료법과 의료윤리에서 중심적인 역할을 한다. 하지만 논증의 기초와 결론의 역할이 다르다. 법의 경우 논증의 기초는 법령에 함축적·명시적으로 기술된 원칙으로, 이전의 판결에서 출발한다. 반면에 윤리의 경우 이런 원칙이 주어져 있지 않다. 실제로 윤리 논증의 대부분은 해당 맥락에서 적절한 윤리 원칙은 무엇인지와 그 이유에 관한 것이다. 물론 법과 윤리라는 두 영역 모두 논증이 원칙을 특정 상황에 어떻게 적용할지를 따지지만, 법은 비슷한 상황에서 내려진 이전 판결에 제한을 받는다. 윤리는 이전 사례가 지침이 될 수는 있어도 법과 달리 어떠한 제한도 받지 않는다. 하지만 언제나 회의적인 목소리는 있기 마련이다. 어떤 때는 큰 소리로, 어떤 때는 **웅얼거림**으로 들려온다. "전에는 그렇게 생각했었지만, **과연 옳았던 것일까?**" 민주주의 사회에서 법은 국회(또는 유사한 입법기관)와 법원의 결정에 의해 정해진다. 국회와 법원은 당연히 **윤리적으로** 옳은 결정을 내리길 원한다. 따라서 윤리가 우선시된다. 윤리적으로 옳은 것이 의료법을 뒷받침하지만, 법적 사례가 윤리를 뒷받침하진 않는다. 이런 점은 특히 의료법에서 분명하게 드러난다. 의료행위와 관련한 여러 법령과 법원 판결은 이전의 윤리적 분석에 기초한다. 위대한 그리스 철학자인 소크라테스는 사회 지도층에 질문을 던지면서 그들 자신의 결정과 믿음이 타당한지를 논증을 통해 제시하라고 요구하였다. 그는 스스로 잔소리꾼이라고 생각했고, 현 상태를 흔들고 추론에 의문을 제기하는 일이야말로 사회의 윤리적 기반을 다지는 일이라고 보았다. 의료윤리는 의료법에 대해 잔소리꾼 역할을 할 수 있으며, 또한 그래야만 한다. 이런 질문이 항상 우리 주위를 맴돈다. 이 법은 (윤리적으로) 옳은가? 그렇지 않다면, 그것은 법을 개정할 합당한 이유가 된다.

의료윤리가 토대가 된다는 것에는 다른 의미도 있다. 의료윤리는 법의 타당성에 관한 문제뿐만 아니라, 의료 환경이 어떻게 법으로 관리, 규제되어야 할 것인지에 관한 질문도 다룬다. 때로는 해당 문제가 법이 아닌 개별 임상가의 전문가적 판단이나 전문가 단체의 규제 사안인지를 윤리적으로 고려해서 결정하기도 한다.

법의 역할은 윤리와 아주 다르다. 사회 구성원이 처벌이나 보상을 통해 법의 영향을 받는 것처럼 보건의료 전문가들도 마찬가지다. 보건의료 전문가도 사회의 일원으로서 법을 따라야 하지만, 전문가에게는 윤리적 질문이 남는다. 이 상황에서 법을 지켜야 할까? 대부분의 상황에서 답은 예일 것이다. 법이 윤리적으로 그르다고 해도, 민주주의 사회에서는 한 개인으로서 법을 준수할 윤리적 의무가 따른다. 그러나 개인이나 집단이 부당한 법에 대해서는 그것을 어길 권리가 있다고 판단하고 그렇게 함으로써 사회의 발전을 가져온 예는 많이 있다. 법적 판단은 법원에서 내리지만, 윤리적 판단은 우리 스스로 내린다. 이런 차원에서 윤리는 개인의 문제다.

의료윤리는 정치적이며 특정한 정치적 기능을 수행하기도 한다. '보수적 의료윤리'나 '진보적 의료윤리'라는 표현을 사용하기도 한다. 이런 정치적 접근이 의료윤리 자체를 훼손할 위험이 있다고 본다. 자신의 정치적 입장 때문에, 또는 현대 정치 담론에서의 주도적인 위치 때문에 어떤 가치에 의문을 제기하지 않는다면 그것은 그릇된 방향으로 가는 길이다. 그런 태도가 위험한 까닭은 토론을 막거나, 특정 맥락에서 요구되는 타당한 이유를 따져보는 행위를 생략해버릴 수 있기 때문이다. 오랫동안 윤리는 철학의 세부 분야로 자리잡아왔다. 그러기에 윤리의 일부인 의료윤리도 본질적으로 철학의 한 분과라고 상정할 수 있다. 의료윤리의 여러 선구자는 이런 태도를 보여왔다. 그러나 많은 의사, 보건의료 전문가들은 의료윤리를 철학의 일부로 보기를 거부한다. 철학자는 특정한 의료 사례나 상황을 출발점으로 삼아 철학적 분석을 수행하고 윤리적으로 어떻게 해야 하는지에 관한 결론에 도달한다. 그러나 보건의료 전문가는 제시된 답에서 좌절감을 느낄 수 있다. 철학적 분석은 사례 속 **사실들**의 복잡성을 다루지 못하기에 도출된 결론은 너무 단순하며 **윤리적**으로도 옳지 않다. 경험적 사실들을 세부적으로 보려는 관심 덕분에 지난 수십 년 동안 의료윤리와 관련된 경험적 이슈를 체계적으로 연구하는 것이 가능했다. 누군가는 이를 의료윤리의 **경험적 전환**이라고 부르며, 사회과학자들도 이 흐름에 동참해왔다.

의료사회학자, 인류학자의 연구는 의료윤리의 주제를 풍성하게 만드는 데 크게 기여했다. 그들의 연구와 분석을 통해 환자, 특히 소외되거나 힘없는 사람들 혹은 집단이 겪는 부당한 일을 해결하기 위해서는 그들의 생생한 경험이 얼마나 중요한지를 밝혀냈기 때문이다. 이를테면, 특정 상황에서의 핵심 윤리 쟁점은 '의사가 환자한테 충분한 설명을 하고 동의를 얻었는가'인데, 위와 같은 연구를 통해 그 상황에 그런 윤리 쟁점은 적절하지 않다는 점을 밝혀낼 수 있다. 환자가 스스로 결정을 내릴 수 있을 만큼 자유롭지 않은 상황도 있으며, 다양한 이유 때문에 환자가 의사의 조언을 따르는 것 외에는 다른 선택을 할 여력이 없는 상황도 있기 때문이다. 또다른 윤리 이슈에는 의료적인 도움이 필요한 사람 대다수가 보건의료 전문가에게 아예 접근할 수조차 없는 상황도 있을 수 있다. 의료행위를 알리는 데 초점을 둔 윤리적 분석에서는, 보건의료의 도움을 받을 수 있는 사람들의 경험과 보건의료 전문가의 경험, 그리고 돌봄의 사회적·문화적·정치적 맥락이 상당히 중요하다. 사회과학의 중요성은 윤리적 분석이 반드시 실제 의료행위와 밀접하게 연관되도록 하는 데 있다. 그러나 각각의 상황이나 맥락에서 무엇을 해야 하는가에 대한 질문에 답하기 위해서는 사실을 안다는 것만으로는 부족하다. 무얼 해야 하는

지를 분석하고 결론의 타당성을 입증하기 위해 철학적 분석과 정연한 논증이 필요하다고 본다.

어떤 사회과학자는 분석과 논증은 특정한 문화적·역사적 맥락에 기초하고 있으며 윤리 원칙 또한 그런 맥락과 연관된다고 주장한다. 그렇기에 사형 집행에 관여하는 미국 의사의 행위나, 부모의 요청에 따라 여아 할례를 하는 소말리아 의사의 행위에 대해 유럽인이 판단을 내리는 것은 문제될 소지가 있다. 이런 관점은 윤리적 논증이 쓸모없다고 하는 것은 아니지만, 문화를 초월한 윤리가 있을 수 있다는 점에 동의하지 않는 셈이다.

우리는 이 관점에 반대한다. 자신이 속한 문화가 아닌 다른 문화에서 폭넓게 받아들여지고 있는 보건의료 행위를 비판하는 것은 옳다고 본다. 예컨대, 사형이나 여아 할례에 관여하는 의사가 잘못되었다고 판단할 근거가 되는 '가치'를 발견할 수 있다. 다시 말해 맥락을 초월하는 가치가 있으며, 그렇게 생각하는 누군가의 행동을 바꾸도록 개입할 동기가 될 수 있다.

의료윤리의 기여에 관하여

의료윤리는 다양한 용도를 가지며 이 책에서는 이어지는 9개 장에 걸쳐 여러 가지 용도를 보여주고자 한다. 첫째, 의료윤리는 옳은 행동이 무엇인가에 관해 상충되는 견해를 명확하게 해준다. 특정 의료 절차를 수행하기 전 환자의 동의를 구할 때 의사가 설명해야 하는 범위의 기준이 불명확할 수 있다. 의료윤리에서는 환자에게 전달해야 하는 올바른 정보가 무엇인지 검토하며, 각각의 상황에 필요한 정보가 무엇인지에 관해 결론을 내린다.

둘째, 의료윤리는 소크라테스처럼 잔소리꾼 역할을 한다. 뒤로 물러서서 상황을 분석하고 그 상황에서 다르게 행동하도록 자극한다. 이런 경우에 의료윤리는 보수적인 행동과 사고를 비판하고 부족한 점을 발견하도록 기여해왔다.

셋째, 의료윤리는 기존 지식의 결함을 확인하고 올바른 의료행위를 뒷받침하는 데 필요한 연구가 무엇인지 알려준다. 예를 들어, 현재의 의료상황에서 부족한 부분을 발견하는 일은 매우 중요한데, 윤리적 분석을 통해 그러한 결함을 발견할 수 있다. 또한 특정 상황에서의 의사의 행동지침에 대한 물음에 답하기 위해 추가적으로 경험적 증거를 더 모을 필요성을 제기할 수도 있다.

넷째, 의료윤리는 버팀목 역할을 한다. 보건의료 전문가, 환자, 가족 등 어려운 결정을 내려야 하는 사람들에게 실질적인 도움을 줄 수 있다. 하지만 경험이 많은 의사나 보건의료 전문가에게도 복잡한 감정을 유발하는 까다로운 윤리적 문제가 발생한다. 의료윤리는 결정을 위해 밟아야 할 단계를 명확하게 해주는 지침이 될 수 있다. 또한 의료행위에서 진료윤리적인 이슈가 어떻게 발생하는지 살펴보고, 문제와 관련된 사실과 가치의 증거를 세심하게 수집하며, 이 사실과 가치를 활용해 논증을 명확히 하고, 다양한 선택지를 통해 추론하여 어떻게 행동할지를 결정한다.

이 책에서는 의료윤리가 다양한 영역에서 기여한 바를 다룬다. 이를테면 유전학, 현대 생식의학, 자원 분배, 정신건강, 의학연구 등과 같은 분야이다. 책 말미에는 이들 영역이나 또 다른 이슈와 관련하여 추가로 읽을 만한 서적들을 소개한다. 각 장에서는 이해를 돕기 위해 일러스트를 활용하기도 했다. 책 전반에 걸쳐 사고와 논증을 우선시했다. 우리는 의료윤리가 본질적으로 이성적인 주제라고 본다. 왜냐하면 의료윤리는 우리가 취하는 관점의 근거를 제시해주며, 사고와 증거에 기초하여 관점을 바꿀 준비가 되도록 해주기 때문이다. 그 일환으로 3장에서는 합리적 논증을 위한 다양한 방법을 알아본다. 사고는 단련된 철학자만의 전유물이 아니다. 누구나 사고 기술을 높이고 윤리적 논증의 질을 향상시키는 방법을 쓸 수 있다.

사고와 증거를 가장 중요하게 여길 때, 우리 안에 있는 여우가 조심하라고 속삭이는 소리가 들린다. 명확한 사고와 높은 기준의 합리성만으로는 충분치 않다. 우리는 이성만큼이나 감성도 키워야 한다. 올바른 감성, 그리고 결정이 이루어지는 맥락에 관한 옳은 인식이 부재한 상태에서 일관성이나 윤리성에 사로잡힌다면 그릇된 행동이나 결정을 가져올 수 있다. 소설가 제이디 스미스(Zadie Smith)는 이렇게 썼다. "영국 코믹 소설을 보면, 자신이 옳다고 생각하는 것보다 더 큰 범죄는 없다. 코믹 소설에서 얻을 수 있는 교훈은 윤리성에 취한 사람은 융통성 없고 일차원적이며 편협하다는 것이다." 이것이야말로 의료윤리를 포함해 가치에 대한 논쟁이 벌어지는 모든 영역에서 명심해야 할 점이다.

그렇다면 의료윤리 여행에 나설 때 안락사라는 첨예한 이슈보다 더 좋은 것이 있을까?

제 2 장

조력사:
올바른
의료행위인가,
살해인가?

안락사는 환자의 이익을 위해 환자를 죽이는 것으로, 이는 인류가 오랫동안 소중하게 지켜온 윤리인 '살인하지 말라'에 반하는 행위이다. 하지만 어떤 환경에서는 안락사가 윤리적으로 받아들여지는데, 이를 가능하게 하는 조건에는 두 가지가 있다. 바람직한 의료행위를 위한 지침의 일환으로서 '환자의 자율성을 존중하는 것'과 '환자에게 가장 이로운 결정을 하는 것'이다.

안락사는 흔히 **조력사**(assisted dying)라고 일컫는 용어 가운데 하나이다. 여기에는 조력자살, 생명유지장치 사용중단 또는 제거가 포함된다. 안락사법은 국가마다 다르다. 네덜란드와 벨기에는 조건부 안락사를 허용하고 있다. 스위스와 미국 일부 주에서는 안락사와 매우 유사한 의사조력자살이 특정 조건을 만족시킬 경우 법적으로 허용된다. 영국 의회는 지난 100년 동안 안락사의 법제화를 조심스럽게 고려했지만 매번 부결되었다. 전 세계적으로 안락사 합법화를 주장하는 단체의 가입자 수가 빠르게 증가하고 있다.

이 장에서는 특정 요건을 충족한 경우 의료 전문가가 환자의 사망에 조력할 수 있는 법적 사례들을 다룬다. 이를 위해 흔히 사용되면서도 매우 강력한 논증법인 **반론과 재반론**을 구사한다.

윤리적 사고라고 불리는 네 가지 도구를 사용하여 앞으로 선보일 논증법의 기반을 다지고자 한다. 다른 도구들은 3장에서 논할 것이다.

논리

어디서나 쉽게 들을 수 있지만 설득력이 떨어지는 안락사 반대 논증이 있는데, 이른바 '나치 카드 쓰기'이다. 안락사 반대론자가 옹호론자에게 이렇게 말한다. "당신의 견해는 나치의 견해와 같다." 반대론자는 수사적으로 말할 필요도 없다. "따라서 당신의 견해는 완전히 비윤리적이다."

논증을 평가할 때는 논리적인 형태로 요약하는 것이 좋다

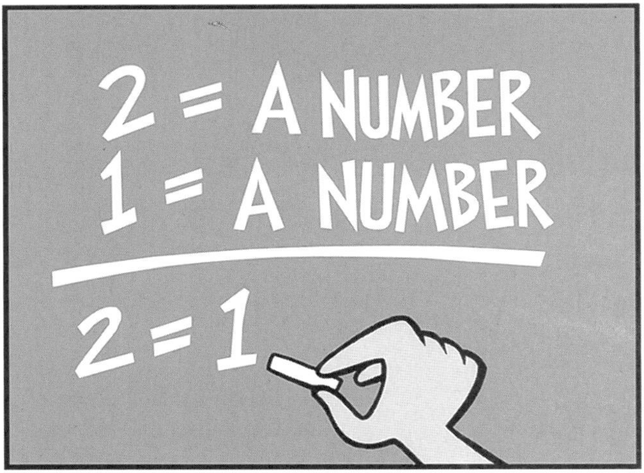

2. 오류에 유의하라.

(도판 2 참조). 즉, 전제가 있고, 전제에서 결론이 논리적으로 도출되는 것이다. 이 형태를 '삼단논법'이라 한다. 삼단논법으로 하자면 히틀러 귀류법은 다음과 같이 정리할 수 있다.

전제 1: 나치의 여러 견해는 완전히 비윤리적이다.
전제 2: 당신의 견해(조건부 조력사를 지지)는 나치의 견해다.
결론: 당신의 견해는 완전히 비윤리적이다.

이것은 타당한 논증이 아니다. 나치의 '모든' 견해가 비윤리적일 때만 이 논증은 타당하다.

우리는 전제 1을 전제 1*로 교체할 것이다.

전제 1*: 나치의 모든 견해는 완전히 비윤리적이다.

이 경우, 논증은 '논리적으로 타당'하지만, 논증이 참인지 평가하기 위해서는 전제 1*이 옳은지 판단해야 한다.

전제 1*은 두 가지로 해석할 수 있다. 첫째 해석은 **대인논증**(argumentum ad hominem)으로 널리 알려진 '오류' 논증의 한 형태로 보는 것이다. 나이젤 워버튼(Nigel Warburton)은 대인논증을 견해의 타당성을 논리적으로 따지지 않고 그 견해를 가진 사람이나 집단의 가치에 따라 판단하는 것으로 설명했다. 하지만 나쁜 사람이 좋은 견해를, 좋은 사람이 나쁜 견해를 가지고 있을 수 있다. 이를테면 나치 상급자가 윤리적인 이유로 채식을 했을지도 모른다. 물론 이 사실은(사실이라고 가정하고) 채식주의를 찬성하는 것이 윤리적인 것인가 하는 문제와 무관하다. 여기서 중요한 것은 특정한 견해를 가진 사람이 누구인지가 아니라, 그 견해를 찬성하거나 반대하는 근거들이다. 사실 히틀러는 유명한 채식주의자로 알려져 있는데, 단지 건강상의 이유에서 그렇게 했다고 한다(Colin Spencer, 1996 참조).

둘째 해석은 '나치의 관점'으로 분류할 수 있는 관점 모두가 비윤리적이라는 것이다. 나치의 관점이란 나치와 연관된 모든 것의 집합을 가리키며 이를 모두 비윤리적이라고 하는 것이다. 이 관점은 또한 민족지상주의를 바탕으로 삼고 나치의 의지와 이익에 반하는 사람들을 처단하는 것을 내포한다. 따라서 조력사가 나치의 관점이라고 말하는 것은 그것이 비인간적인 나치의 세계관과 다를 바 없는 비윤리적 관점이라는 뜻이다. 그러나 이 논증의 문제는, 현재 네덜란드에서 안락사가 시행되고 있는데 안락사의 지지자 대다수는 나치의 세계관을 지지하지 않는다는 것이다. 오히려 그 정반대다. 조력사 논증에서 찬성하는 사람과 반대하는 사람 모두 '안락사'의 가면을 쓰고 행해진 나치의 학살이 매우 비윤리적이라는 점에 동의한다. 안락사의 쟁점은 조건부 조력사가 옳은지 그른지, 윤리적인지 비윤리적인지 하는 것이다. 핵심은 안락사의 조건부를 분명하게 하고 안락사가 무엇인지를 명확하게 밝히는 데 있다. 이것을 기반으로 조력사의 합법화 찬반 논증을 적절히 평가할 수 있다. 그에 앞서 핵심 용어의 정의를 살펴보자.

용어 정의

의학적 측면에서 조력사의 논쟁과 연관된 정의부터 짚고 넘어가자(글상자 1). 정의를 살펴보는 목적은 두 가지다. 윤리를 기점으로 다양한 종류의 안락사를 명확하게 구분하고, 적확한 어휘를 제공하는 것이다. 만약에 논증에서 같은 단어가 맥락마다 다른 의미로 쓰인다면, 그럴싸한 논증으로 보일지라도 타당한 논증은 될 수 없다.

위의 글상자 1을 보면, 히틀러 귀류법이 여러 종류의 안락사 간의 중대한 차이를 놓치고 있음을 쉽게 알 수 있다. 의료행위와 연관된 안락사의 모든 유형은 다음과 같은 점을 전제한다. 첫째, 의사의 행위가 환자의 이익을 추구하며 환자는 결정권을 가지고 치료를 거부한다. 안락사에는 여러 유형이 있으며, 논증을 평가하면서 그 논증이 어느 유형에 해당하는지 확인하는 것은 중요하다. 나치가 실행했던 것은 **강제적** 살해이

1. 조력사의 몇 가지 용어와 정의

안락사(euthanasia) — '능동적 안락사(active euthanasia)'라고 불렸고 현재 이따금 자비 살해(mercy killing)라고 부르는 것

X가 의도적으로 Y를 죽음에 이르게 하는 경우이며, 이는 Y의 이익을 위한 것이다.

자발적 안락사(voluntary euthanasia)

안락사로, Y가 스스로 결정하여 자신을 사망에 이르게 하는 행위를 요청하는 경우.

비자발적 안락사(non-voluntary euthanasia)

안락사이지만 Y가 자신을 사망에 이르게 하는 행위에 관한 선호를 결정권을 가지고 표현할 수 없는 경우. 이를테면, Y가 심각한 장애를 가지고 태어난 신생아인 경우.

강제적 안락사(involuntary euthanasia)

안락사이지만 X가, 안락사에 관해 표현한 Y 자신의 소망과 반대됨에도 불구하고 Y를 죽음에 이르게 하는 경우.

치료 유보(withholding treatment) — 과거에는 '소극적 안락사'라고 통칭

X가 Y의 연명 치료를 유보하여 Y가 사망에 이르도록 하는 경우. 이것은 X가 치료를 중단하는 것이 Y의 이익이라고 믿었거나, Y가 결정권을 행사하여 치료를 거부했기 때문일 수 있다.

치료 중단(withdrawing treatment) — 치료를 능동적으로 중단하는 것인데도 과거에 '소극적 안락사'라고 통칭

X가 Y의 연명 치료를 중단하여 Y가 사망하도록 놓아둔 경우. 이것은 X가 치료를 중단하는 것이 Y의 이익이라고 믿었거나, Y가 결정권을 행사하여 치료를 계속하는 것을 거부했기 때문일 수 있다.

자살(suicide)

Y가 의도적으로 자신을 죽이는 경우.

조력자살(assisted suicide)

X가 의도적으로 Y가 자신을 죽일 수 있도록 도와주는 경우.

의사조력자살(physician-assisted suicide)

의사인 X가 의도적으로 Y가 자신을 죽일 수 있도록 도와주는 경우.

며, 안락사라고 할 수 없다. 대상의 이익을 위해 행해진 것이 아니기 때문이다. 따라서 나치의 행위는 의료행위와 연관된 안락사 중 어느 유형에도 해당하지 않는다.

그러나 의료윤리는 한낱 이론적인 규범이 아니며 실용적인 목적을 추구한다. 각기 다른 상황에서 어떻게 행동해야 하는지를 알려준다. 그렇기에 각 상황에서 일어난 사실들을 분류하는 작업만큼이나 분류할 때 쓰는 용어들도 중요하다. 이를테면 '어떤 행동을 취할 것인가', '왜 그런 행동을 떠올렸는가', '그 행동으로 인한 결과를 어떻게 예상하는가'와 같은 것들이다.

개념 설명

의료윤리의 개념을 특정 맥락에 적용하려면 정의만으로는 충분하지 않을 때가 있다. 환자의 **최선의 이익**이 적절한 예이다. 참고로 이 개념은 법과 일상적인 의료 상황에서 광범위하게 사용되며 안락사를 정의하는 데서도 환자 이익의 개념과 밀접하게 연결되어 있다(글상자 1 참조).

안락사의 맥락에서 중요한 질문은 다음과 같다. '안락사가 환자에게 최선의 이익일까?' 우리는 그렇다고 생각한다. 법원도 그렇다고 본다. 대다수의 의사, 간호사, 의료진도 그렇다고 판단한다. 보건의료 분야에서 이 질문은 꽤 자주 등장한다. 치료할 수 없는 치명적 질병을 앓는 환자는 하루이틀 새에 죽음에 이를 수 있는 심각한 상태에 처할 수 있다. 하지만 적극적으로 치료하면 몇 주 더 살 수도 있다. 만약에 심각한 기저 질환을 앓는 환자의 흉부에 감염이 생긴 경우, 항생제로 급한 불은 끌 수 있어도 기저 질환의 진행을 막을 수는 없다. 이 상황에서 환자의 치료에 관여한 모든 사람이 환자가 연명 치료를 받는 것보다 죽음을 택하는 것이 환자에게 최선의 이익이라고 말할 수 있다. 이 같은 경우는 환자가 숨쉬는 것조차 힘이 들어 마땅히 치료할 수 없을 때처럼 하루하루 힘겹게 생명을 유지할 때 생길 가능성이 높다. 환자에게 최선인 이익을 판단하려면 환자가 현재 경험하고 있는 바를 자세히 살펴봄으로써 구체적인 사실들을 파악해야 한다.

하지만 누군가에게는 죽음이 최선의 이익이 아닐 수도 있다. 어떤 사람은 환자의 삶을 타인이 절대 알 수 없다고 주장한다. 특히 뇌졸중 환자가 의사소통을 할 수 없는 경우에는 더욱 그럴 것이다. 비슷한 맥락에서 치료가 환자의 삶에 어떤 영향을 줄 수 있을지 알 수 없다고도 말한다. 다만 이렇게 회의적인 태도만 취해서는 치료로 삶을 연장할 것인지 말 것인지 하는 문제에 어떠한 결정도 내릴 수 없다. 즉, 선택의 갈림길에서 한 발자국도 뗄 수 없는 것이다.

범위를 넓혀보면 죽음의 경험 자체에 대한 불확실성이 있다. 내세가 있다고 믿는 사람은 현세를 사는 환자의 경험과 내세의 경험을 비교해야 한다. 반면에 죽음 이후에는 아무것도 없다고 믿는 사람에게 죽음이 환자에게 최선의 이익인지에 관한 질문은 다음과 같이 좁혀진다. 즉, 환자가 계속 삶을 사는 것이 죽음 이후에 아무 경험도 하지 않는 것보다 더 나쁜 일인지 아닌지 하는 물음이다. 심각한 통증이나 괴로움이 죽는 순간까지 지속된다면, 그 삶은 죽음보다 더 나쁜 것인지도 모른다.

누군가는 죽음보다 사는 것이 반드시 최선의 이익이라고 말한다. 그러나 몇 가지 사례만 가지고 이런 관점을 정당화할 수는 없는 법이다.

설령 우리 모두 안락사가 환자에게 최선의 이익이라고 생각하고 환자 본인이 죽기를 바라며 연명 치료를 유보하거나 때로 중단하는 것이 옳다고 판단하더라도, 여전히 누군가를 능동적으로 '죽이는 행위'는 옳지 않은 일이라고 느낄 수 있다. 이것을 '사례 비교'를 통해 자세히 살펴보자.

사례 비교

사례 비교는 비슷한 두 가지 이상의 사례를 비교하는 것이다. 어떤 상황에서 무엇을 해야 할지 모를 때 비슷한 상황을 참조해서 답을 얻을 수 있다. 사례를 비교할 때는 두 가지 질문을 던져야 하는데, **두 사례에서 윤리와 연관된 차이점이 있는가**와 **윤리적 차이점을 각기 다르게 다루는 것이 타당한가**이다. 여기에서 핵심적인 논리는 **일관성**이다. 둘 사이에 윤리적 차이점이 있지 않은데도, 두 사례를 다르게 다룬다면 일관성을 잃은 것이다.

2. 사례 1 — 전립선암

전립선암에 걸린 92세 남성이 수술과 화학요법으로 몇 달 더 살 수 있는데도 치료를 거부하고 통증에서 벗어나 편안하게 지내길 원했다. 의사는 환자의 뜻을 존중했고 이 남성은 며칠 안에 사망했다.

3. 사례 2 — 의사 콕스

릴리언 보이스(Lillian Boyes)는 70세로 심한 류머티즘성 관절염을 앓고 있다. 통증은 진통제로 해결할 수 있는 범위를 넘어섰다. 그는 며칠 또는 몇 주 안에 사망할 것으로 예상되었다. 그는 주치의 콕스(Dr Cox)에게 자신을 죽여달라고 부탁했다. 콕스는 이 남성에게 치사량의 염화칼륨을 주사했다.

안락사 논쟁에서 비교할 만한 사례 두 가지는 연명 치료를 중단(또는 포기)하는 상황과 (능동적) 자발적 안락사, 즉 환자를 죽이는 상황이다. 글상자 2와 글상자 3에서 사례 1과 사례 2를 비교해놓았다.

사례 1에서 의사가 치료를 중단한 경우는 많은 국가에서 윤리적으로 옳은 것으로 여겨지며, 영국을 포함한 다수 국가에서 법으로 보호받는다.

사례 2는 영국 법원에서 판결이 이루어진 실제 사건으로, 콕스는 살인 미수라는 중죄로 유죄 선고를 받았다. 배심원단에게 평결 지시를 내리며 판사는 다음과 같이 말했다.

이 사건에서 그(콕스)는…… 릴리언 보이스의 상태를 보고 몹시 고통스러웠습니다. 환자의 상태가 치료 불가능하다는 확신이 있었고, 환자가 겪는 끔찍한 고통에 무척 안타까워했습니다. 그렇더라도…… 만약에 콕스가 환자를 죽이거나 죽음을 재촉하는 것을 주된 목적으로 염화칼륨을 주사했다면 유죄 판결을 받을 것입니다.…… 환자와 환자를 사랑하고 아끼는 가족이 요구했다고 해도 판결에 영향을 끼치지는 않을 것입니다.

콕스는 유죄 판결을 받았다.

이 사례는 안락사가 아무리 자발적으로 이뤄졌다고 해도 영국 관습법에서 (능동적) 안락사는 불법이라는 점을 명확하게 보여준다. 그런데 콕스가 살인이 아니라 살인 **미수**로 기소된 이유는 영국 배심원단이 법정 종신형에 처해질 살인죄를 인정하지 않을 것이라는 검사의 판단 때문이었다.

윤리적으로, 특히 법적으로 사례 1과 사례 2에 나타나는 차이점의 핵심은 콕스가 릴리언 보이스를 **죽였으며**, 보이스 스스로 죽음에 이르게 하지는 않았다는 것이다.

반론 받아치기를 통해 논증하기

의료윤리는 **정연한 논증**(reasoned argument)에 관한 것인데, 이는 마치 의학의 기술적 측면에서 **과학적 증거를 검증하는 것**과 비슷하다. 어떻게 하면 정연한 논증을 펼칠 수 있을까? 다음은 효과적인 방법들 중 하나인데, 세 단계로 이뤄진다.

1단계: 당신의 생각이 윤리적으로 최선의 결정이거나 행위라고 가정하고 이를 제시한다. 왜 그렇게 생각하는지에 관한 핵심 이유나 논증을 구체화한다.

2단계: 제시한 결정에 대해 최대한 많은 반론을 적는다.

3단계: 작성한 반론을 살펴보고 반론을 반박할 방법이 있는지 생각해본다.

만약에 반론을 모두 적절히 반박할 수 있다면 자신이 처음 가졌던 관점에 맞는 정연한 논증을 구성한 것이다. 모든 반론을 반박하지 못했다면 원래 결정이나 행위에 대해 다시 고려해야 한다.

물론 '물샐 틈 없는' 논증이란 없다. 어떤 논증도 최종 결정이 아니다. 첫 결정에 대한 반론을 놓쳤을 가능성, 재반론을 또다시 받아칠 가능성이 있음을 항상 염두에 둬야 한다. 윤리는 본질적으로 과학과 유사하게 정확성과 창의적 지성이 요구되는 상상력의 활동이다.

다음으로, 사례 2의 콕스 예시를 통해 정연한 논증을 구성하는 과정을 제시하고자 한다.

1단계: 결정과 그 결정을 뒷받침하는 근거 제시하기

의사 콕스가 환자 릴리언 보이스를 죽이고자 한 결정이 윤리적으로 옳다고 가정해보자. 이를 뒷받침하는 근거는 크게 두 가지다.

1. 릴리언 보이스에게 최선의 이익은 죽는 것이다. 심한 고통 탓에, 사는 것이 죽는 것보다 더 괴로운 일이기 때문이다.
2. 릴리언 보이스는 죽기를 바랐으며, 온전히 자신의 의지만으로 그러한 결정을 내렸다.

2단계: 자신이 내린 결정의 반론을 제시하기

여덟 가지의 반론을 나열해보았다.

1. 콕스가 릴리언 보이스를 안락사시키는 과정에서 아무것도 하지 않았을 때보다 더 많은 고통을 주었을지도 모른다.

2. 릴리언 보이스가 죽지 않았다면 관절염에서 회복하여 고통이 적거나 아예 없는 삶을 누릴 가능성이 아주 조금이라도 있을 수 있다. 릴리언 보이스를 안락사시키는 것은 일말의 가능성을 없애는 것이다.

3. 콕스에게 옳은 일이 아니다. 릴리언 보이스를 죽였다는 죄책감을 져야 하기 때문이다.

4. 설령 이 상황에서만큼은 릴리언 보이스를 죽이는 것이 옳다고 해도, 그런 행위 자체는 여전히 옳지 않다. 살인은 나쁜 행위라는 규칙을 엄격히 지키지 않는다면, 너 나 할 것 없이 살인을 저지를 수 있기 때문이다. 다시 말해, 의사들은 안락사가 환자에게 최선의 이익이라고 '착각'하여 환자를 죽일 것이다. 결국에는 의사들이 자신이나 환자 친인척의 이익을 위해 환자를 죽일 수도 있다.

5. 콕스 개인의 윤리적 믿음이 어떤 것이든 간에, 릴리언 보이스를 죽이는 것은 위법이므로 그렇게 해서는 안 된다.

6. 자연의 섭리에 따른 논증: 죽어가는 환자의 치료를 포기하거나 중단하는 것은 자연의 법칙을 따르는 것이다. 살해는 자연의 법칙에 개입하는 것이므로 그른 일이다.

7. '신 역할 수행' 논증: 살해는 신만 되돌릴 수 있는 일을 하는 것이다. 다만 죽도록 놓아두는 것은 신의 역할을 빼앗지 않으며, 사랑으로 신중하게 행한다면 신의 의지를 충족할

수 있다.

8. 살해는 일반적으로 잘못된 행위이다. 치료 포기 또는 중단과 (능동적) 안락사의 차이는 근본적으로 전자가 '죽도록 놓아둠'이며 후자가 살해라는 데 있다. 살해는 옳지 않으며, 근본적으로 잘못된 것이다.

3단계: (가능하다면) 재반론을 받아치기

여덟 가지의 반론을 순서대로 따져보자.

1. 이 논증은 안락사, 특히 이타적 살해가 원칙상 잘못이라는 것이 아니라, 현실적으로 이타적 살해가 진짜로 이타적인지 확신할 수 없다는 것이다. 다음의 세 가지 상황을 살펴보자.

가) 콕스는 릴리언 보이스에게 염화칼륨을 주입하지 않았다. 릴리언은 극심한 고통을 겪으며 '자연적'으로 죽었으며, 이 고통의 양을 'X'라고 하자.

나) 콕스는 의도적으로 릴리언 보이스를 죽였다. 그는 순간적으로 거의 고통 없이 죽었다. 이 경우 릴리언 보이스는 Y만큼 고통받았는데, Y는 X보다 훨씬 작은 정도이며

어쩌면 고통의 수치가 0일지도 모른다.

다) 콕스는 릴리언 보이스를 염화칼륨으로 죽이려 했지만 실패했다. 그래서 주사를 주입해서 릴리언 보이스에게 더 큰 고통을 주었다. 이때 Z만큼의 고통이 가해졌으며, Z는 X보다 크다.

다)의 경우, 논증 1에 따르면, 콕스는 릴리언 보이스를 죽이려 하지 않는 편이 나았을 것이다.

이제 우리는 콕스가 릴리언 보이스를 죽게 놓아둔 상황과 염화칼륨을 주사한 상황을 비교할 것이다. 전자에서 고통의 총량은 X이다. 후자에서 고통의 총량은 Y(0에 가깝다)이거나 Z(X보다 크다)이다. 만약에 가장 중요한 점이 고통의 수치라면, 콕스가 주사하는 것이 나은지 여부는 X, Y, Z 간의 차이와 각각의 결과가 발생할 가능성에 달려 있다. 나)의 경우처럼 거의 순간적인 죽음은 주사를 통해서 발생할 가능성이 가장 크다. 만약에 X가 Y보다 상당히 큰 정도의 고통이라면 주사를 놓는 것이 타당해 보이는데, 이 방법이 훨씬 더 작은 고통을 유발할 가능성이 크기 때문이다. 만약에 행동하지 말아야 하는 이유가 결과의 불확실성 때문이라면, 거듭 망설이다가 결정을 내리지 못해 결국에는 이로운 행위를 못하게 될지도 모른다. 이로써 논증 1이 콕스의 행동과 안락사 입법화에 관해 설득력 있는 논증을 제시하지 못한다는 결론에 도달한다.

2. 논증 2는 논증 1과 같은 약점을 지니고 있다. 릴리언 보이스에게 최선의 이익이 무엇인지 판단하려면 가능한 여러 가지 결과, 각각의 결과가 가져올 삶의 질, 각각의 경우가 발생할 가능성을 따져보아야 한다. 릴리언 보이스가 관절염과 통증, 불편에서 기적적으로 회복할 가능성에 비중을 얼마나 부여할 것인가에 따라 그 발생 가능성이 크게 달라진다. 이 가능성이 매우 낮다면(물론 실제로 그렇지만) 논증 2는 설득력이 없다.

이 반론에 대한 재반박으로 릴리언 보이스의 기적적인 회복 가능성이 무척 낮다고 해도 이 가능성에 주어질 비중은 무한해야 한다는 것도 가능하다. 이 논증에 대응하는 방법은 세 가지다. 첫째, 회복 가능성에 무한한 비중을 부여해야 하는 근거는 무엇인가? 둘째, 그렇다면 원래 릴리언 보이스를 죽이려는 의도로 주사된 염화칼륨이 그를 기적적으로 치료할 가능성도 고려해야 한다(일부 의학적 발견은 특정 치료가 의도했던 것과 전혀 다른 결과를 내면서 이뤄졌다). 셋째, 만약 논증 2가 (능동적) 안락사를 거부하는 설득력 있는 이유를 제시한다면, 모든 상황에서 의학적 치료를 유보하는 것을 거부할 설득력 있는 이유 또한 제시하게 되는 것이다. 논증 1, 2는 타당하지 않은데, 환자가 회복하지 못할 가능성과 회복할 가능성을 같은 근거기반 방식으로 측정할 수 없기 때문이다. 예측 가능한 이익과 손해는 반드시 같은 선상에서 측정해야 한다. 그러한 점을 올바르게 수행하는 것이 타당한 윤리적 논증을 수립하는 데 매우 중요하다.

3. 논증 3은 아직 논쟁중인 문제를 성급하게 단정지어버리기 때문에 타당성이 없다. 릴리언 보이스를 죽이는 것이 잘못된 일일 때만 콕스는 죄책감을 느낄 것이다. 우선 옳은 행위가 무엇인지에 관한 질문에 답한 다음에야 어떤 일에서 죄책감을 느낄지 물을 수 있다. 어떤 사람은 행동이 윤리적으로 옳다고 믿을 때도 죄책감을 느낄 수도 있다. 시간이 지나면서 그런 죄책감은 자신의 행동이 옳았다는 믿음 때문에 점점 약해질 가능성도 있다. 하지만 어떤 경우에도, 윤리적으로 옳은 행동이라고 믿는 것을 추구하면서 죄책감을 감당할지를 결정하는 것은 콕스 자신에게 달려 있다(그가 죄책감을 느끼는 것과는 별개로).

4. 논증 4는 도미노 효과와 비슷한 개념인 '미끄러운 비탈길(slippery slope)'로 알려진 논증 형태다. 이것은 의료윤리에서

무척 중요한 형태의 논증이기 때문에 콕스의 행동에 어떻게 적용될 수 있는지를 3장에서 좀더 세부적으로 살피고자 한다.

5. 어떤 행동이 불법이라는 사실은 보통 그것을 하지 말아야 할 (윤리적인) 이유로 여겨지며, 다른 윤리적인 사안보다 더욱 중요하게 여겨질 수 있다. 따라서 논증 5는 콕스가 하지 말았어야 했음에도 저지른 행동의 이유에 대한 강력한 논증일 수 있다. 그러나 이 논증은 콕스의 행동이 애초에 불법인지 여부와 같은 흥미로운 질문을 던져주지 못한다.

6, 7. 자연의 섭리, 신 역할 수행과 관련된 논증은 미끄러운 비탈길 논증과 마찬가지로 다른 의료윤리 영역에 적용되곤 한다. 3장에서는 이 반론이 설득력이 없는 이유를 설명할 것이다.

8. 모든 논증 가운데 유일하게 논증 8이 원칙적으로 살해가 잘못이라고 본다.
그러나 '살해는 (항상) 잘못이다'와 같은 윤리의 기본 원칙을 어떻게 살펴볼 수 있을까? 방법 하나는 추가적인 사례 비교를 하는 것으로, 이를테면 전쟁에서 살해가 항상 잘못

> 인가 생각해보는 것이다. 그렇지 않다면 살해가 항상 잘못이라는 원칙은 수정되어야 한다. 기본 원칙처럼 보이는 것은 사실 더 복잡하고 더 미묘하며, 타당한 근거를 추가적으로 필요로 한다. 살해가 항상 잘못이 아니라면, 왜 안락사 사례에서는 잘못이란 말인가?
>
> 안락사의 법제화를 반대하는 편에서는 '살해는 윤리적으로 잘못이다'라는 기본 원칙에 궁극적으로 기대곤 한다. 그들은 누군가를 죽이는 것이 다른 사람을 (때로는 많은 사람을) 구할 수 있는 난해한 사례(전쟁)가 있음을 수용할 것이다. 물론 안락사의 경우 다른 누군가의 생명을 구하지는 않는다.

만약에 안락사의 법제화를 반대하는 사람들에게 그들이 틀렸다고 설득하려면, 반론을 받아치는 것뿐 아니라 살해가 잘못이라는 기본 원칙이 일반적으로 타당하지만 이 사례에서는 그렇지 않다는 이유를 설명해야 한다. 예를 들어, 살해는 잘못이라는 생각이 옳다고 가정해보자. 대다수 사람들에게는 죽음보다 삶을 이어가는 것이 덜 해롭게 느껴진다. 그리고 대개 살해가 해악이라고 생각하는 이유는 죽음을 해악으로 받아들이기 때문이다. 다시 말해, 살해가 해악인 것은 죽음이 가져오는 해로움의 결과이지, 살해가 해악이라서 죽음도 해악으로 보는 것이 아니다. 따라서 지속적이고 고통스러운 죽음으로 고통받는 것보다 당장 죽는 것이 환자에게 최선의 이익이며, 게다가 환자도 누군가가 자신을 도와서 죽음에 이르도록 해 주길 바란다면, 살해는 더이상 잘못이 아니다. 죽음이 당사자에게 해롭지 않고 이익이며 당사자가 원하는 경우, 살해는 잘못이 아니다. 안락사가 원칙상 잘못이라고 주장하는 이들은 '살해는 잘못'과 '죽음은 해악'이라는 명제 간에 개념적으로 연결된 점을 간과한 것이다.

위와 같이 반론을 받아치는 일은 신중을 기해야 하는 만만치 않은 과정이다. 따라서 자신의 주장을 매듭짓기 전에 상대편 논리가 잘못된 지점을 간략하게 짚어주는 것이 좋다. 끝으로, 안락사의 합법화를 찬성하는 쪽으로 결론을 내리면서 이 과정을 보여주고자 한다. 마지막은 화려한 수사로 끝을 맺는데, 과연 적절한지 아니면 원칙을 벗어난 수사인지 한번 생각해보자.

결론을 내리자면, 자발적 안락사가 원칙상 잘못이라는 견해는 주객이 전도된 논증이다. 살해를 잘못으로 만드는 것은 죽음을 해롭다고 보는 생각에서 비롯될 뿐, 살해 자체가 무조건 나쁜 것은 아니다. 어떤 윤리 원칙의 결과로 고통이 초래된다면 그것을 주의 깊게 들여다보고, 윤리 원칙을 너무 융통성이 없이 적용하는 것은 아닌지 따져봐야 한다. 자발적 안락사가 윤리적으로 잘못이라고 주장하는 사람들이 해야 하는 일이 그러한 물음을 던지는 것이다. 타인의 고통을 매개 삼아 윤리적 순수성을 추구하는 것은 비뚤어진 일이다.

제 3 장

사고도구함

의사, 간호사 등 보건의료 전문가는 보통 행하려 하는 것에 대한 타당하고 이타적인 근거를 가지고 있다. 그렇다고 의료 종사자가 자신의 경험이 풍부하다는 이유로 스스로 옳다고 여기는 사고와 행동에 아무런 주의를 기울이지 않는 것은 어리석은 일이다. 의료윤리에서 철학이 하는 역할과 철학을 적용하는 일이란 근거를 제시하고 그 근거를 세심하게 분석하는 것이다. 의료행위는 과학과 철학 두 영역을 통해 주의 깊게 검토하여 꾸준히 발전시켜야 한다. 과학이 묻는다. "현재의 돌봄과 치료 과정을 택한 증거는 무엇인가?" 철학이 묻는다. "윤리적인 선택을 내린 이유는 무엇인가?"

2장에서는 윤리적 추론의 네 가지 도구를 중심적으로 살펴

4. 윤리적 추론의 여덟 가지 도구

1. 가치와 사실의 구분
2. 원칙을 통한 추론
3. 용어 정의(2장 참조)
4. 개념 설명(2장과 **최선의 이익**에 관한 논의 참조)
5. 사례 비교(2장 참조)
6. 사고 실험
7. 논리(2장 참조)
8. 추론에서의 오류 발견 및 방지

5. 사례 1 — 집에서 돌볼 것인가, 병원에서 돌볼 것인가?

P는 심한 알츠하이머병과 난치성 폐질환을 앓는 80세 남성이다. 82세의 아내가 그를 집에서 돌봤다. 집에는 산소 공급기가 필요하고, 종종 흉부감염이 발생하여 항생제 투여도 받는다. 최근 앓았던 흉부감염에서 항생제 알약은 큰 효과를 내지 못했고 전신상태는 악화하였다. 입원 치료를 통해 정맥 항생제 주입과 물리치료를 하면 감염에서 회복할 수 있겠지만 곧 비슷한 감염이 발생할 가능성이 크다. 이전에 입원했을 때 P는 크게 힘들어했는데, 환경 변화에 잘 적응하지 못했기 때문이다. 그러나 아내는 그가 입원해서 받을 수 있는 최대한의 치료를 받아야 한다고 생각한다. P의 주치의는 그를 입원시켜야 할까?

보았다. 이번 장에서는 네 가지를 좀더 세밀하게 논의하고(글상자 4 참조) 결말에서 그다음에 무엇이 있는지 훑어볼 것이다.

의료윤리학자가 보통 하는 것처럼, 윤리적 추론의 여덟 가지 도구를 체계적으로 펼치기 전에 임상 사례부터 살펴보자 (글상자 5 참조).

도구 1: 가치와 사실의 구분

윤리적 추론의 첫째 도구는 특정 상황에서 중요한 것이 사실인지 가치인지를 확인하고 구분하는 것이다. 이 구분이 중요한 이유는 **사실**을 평가하려면 반드시 현실에 맞는 **증거**를 고려해야 하기 때문이다. 이를테면 특정 처방이 특정 질환을 치료할 가능성이 가장 크다거나, 이 질환이 환자의 경험에 어떻게 영향을 끼치는가와 같은 것이다. 반면에 윤리적 **가치**를 평가하려면 보통 **윤리적 논증**이 있어야 한다. 새 차를 산다고 해보자. A는 안전성과 신뢰성을 중요하게 여긴다고 가정하면, 이것이 A의 **가치**다. B는 성능과 편안함을 가장 중요하게 생각한다. A와 관련된 차에 관한 **사실**은 안전성과 신뢰성이다. B에게는 성능과 편안함에 관한 증거가 중요하다. 여기에서 강조하고 싶은 것은 어떤 사실이 관련 있는지는 우리가 가진 가치가 결정하고, 그 반대는 성립하지 않는다는 점이다. 가치가 우선한다.

그렇다면 사실과 가치의 구분이 글상자 5의 사례 1에 어떻게 적용될까? 여기서 가장 핵심적인 가치는 P의 **최선의 이익**을 극대화하는 것, 그가 **과거에 품었을 만한 소망**을 존중하는 것, 그의 **현재 소망**을 존중하는 것, P의 아내를 **공정하게** 대하는 것이다. 이 가치에서 관련 사실이 이어진다. 현재 (**최선의 이익**과 관련하여) 그가 처한 삶의 질은 어떤가? 항생제가 삶의 질을 개선할 가능성은 얼마나 되는가? 입원으로 발생하는 괴로움은 삶의 질에 어떤 영향을 끼치는가? 그가 핵심 이슈를 이해하고 직접 결정을 내릴 수 있는가? 만약에 그럴 수 없다면, 그가 이해와 결정력을 상실하기 전에 이런 상황에 대해 논의할 때 그는 어떤 견해를 가졌는가? P의 아내가 지는 돌봄의 부담은 무엇이며, 그녀의 견해는 어떠한가?

윤리적 논의에서 사실과 가치는 종종 혼동된다. 의료상황에서 발생하는 비밀보장에 관한 이슈를 살펴보자. 발작을 두 번 겪은 환자가 의사를 만나러 왔다. 의사는 원인을 확인하기 위해 검사를 진행했고, 환자에게 법적으로 운전을 해서는 안 되며 교통 당국에 발작에 관해 신고해야 한다고 말했다. 2주 뒤, 의사는 환자가 운전하는 모습을 보았다. 의사는 당국에 신고해야 할까? 영국에서는 의사가 신고해야 할 법적 의무는 없다.

C는 의사가 비밀을 토로해야 한다고, D는 의사가 비밀을 지켜야 한다고 생각한다고 가정하자. C와 D가 가진 윤리적

가치가 다를까? 꼭 그런 것은 아니다. 둘 다 전반적으로 교통사고로 인한 사망을 줄여야 한다는 최우선의 가치를 지니고 있을 수 있다. C는 의사가 환자를 신고해야 교통사고를 줄일 수 있다고 생각한다. D는 의사가 이런 일을 신고하면 환자가 발작을 겪었을 때 병원에 잘 가지 않을 것이며, 결국 통제 불가능한 간질 운전자가 더 많아져서 교통사고가 증가할 것으로 생각한다. C와 D 둘 다 적절한 윤리적 가치에는 동의하지만, 사실에는 동의하지 않는다. 여기서 또다른 가정을 해보자. E는 의사가 당국에 신고하면 안 된다고 주장하는데, 의사가 환자의 자율성과 비밀을 보장해야 한다는 윤리적 가치를 우선시하기 때문이다. D와 E는 의사가 어떻게 행동해야 하는지에 대해 동의하지만, 그 바탕에 깔린 윤리적 가치는 다르다.

도구 2: 원칙을 통한 추론

여러 논저에서는 의료윤리를 네 가지 원칙과 그 적용 방식으로 분류해놓았다(글상자 6 참조). 다만 이 원칙들은 논증의 전제라기보다는 올바른 의료행위를 뒷받침하는 포괄적인 윤리 가치를 네 가지로 나눈 것에 가깝다.

글상자 5의 사례 1을 상기하면서 환자의 자율성 존중 원칙을 먼저 살펴보자. 이 관점에서 제기되는 핵심 질문은 다음과

6. 의료윤리의 네 가지 원칙

1. 환자의 자율성 존중

길론(Gillon)에 따르면, 자율성(정확하게는 자기 규율)은 자유롭고 독립적으로 생각하고 결정하며 그런 사고와 판단에 기초하여 행동할 수 있는 능력이다. 환자의 자율성 존중은 보건의료인(그리고 환자 가족을 포함한 타인)이 환자가 스스로 결정할 수 있도록 돕고 (중요한 정보를 제공하여) 그러한 결정을 존중하며 따르는 것(보건의료인이 환자가 잘못된 결정을 내렸다고 믿을 때도)을 통해 이뤄진다.

2. 선행: 환자에게 최선인 것을 추구

이 원칙은 타인에게 선행을 베풀 것을, 특히 의료적 맥락에서는 환자의 선행을 위해 행동하라는 윤리적 중요성을 강조한다. 이 원칙을 따른다는 것은 환자에게 최선인 것을 추구한다는 의미이다. 이는 환자에게 최선인 것이 무엇인지, 누가 그것을 판단할 것인지를 물어보게 한다. 일반적으로 이 원칙은 보건의료인이 객관적 평가를 통해 환자에게 최선의 이익이 무엇인지를 결정하는 데 초점을 맞춘 것으로 해석된다. 환자의 관점은 환자의 자율성 존중 원칙에서 다룬다.

스스로 결정을 내릴 수 있는 환자가 본인에게 최선의 이익이 아닌 행위를 선택한 경우, 두 원칙은 충돌한다.

3. 악행금지

이 원칙은 동전의 양면처럼 선행 원칙의 다른 측면이다. 이것은 우리가 환자에게 해로움을 끼치면 안 된다고 말한다. 대부분의 상황에서 악행금지 원칙은 선행(善行) 원칙과 상당히 겹친다. 다만 악행금지 원칙을 유지하는 핵심 이유는 일반적으로 우리가 타인에게 해악을 끼쳐선 안 된다는 무거운 책임을 지니고 있기 때문이다. 반면 선행 의무는 제한된 사람에게만 해당한다.

4. 정의

정의(正義)의 원칙에는 분배 정의, 법 존중, 권리, 인과응보라는 네 가지 요소가 포함된다.
분배적 정의와 관련하여 이 원칙은 다음 두 가지를 강조한다. 첫째, 비슷한 상황에 놓인 환자는 일반적으로 같은 수준의 보건의료 서비스에 접근할 수 있어야 한다. 둘째, 일부 환자 집단에게 활용할 보건의료 수준을 결정할 때는 그 자원 활용으로 다른 환자에게 끼칠 영향을 고려해야 한다. 다시 말해 제한된 자원(시간, 돈, 중환자실 침대)을 공평하게 분배하도록 노력해야 한다.

같다. P는 스스로 결정을 내릴 수 있는가? 그는 가정 돌봄이나 입원과 관련한 이슈를 이해하고 따질 수 있는 충분한 능력을 지녔는가? 그렇지 않다면, 그가 가정 돌봄이나 입원과 관련해 과거에 했던 선택의 증거가 있는가?

만약에 P가 결정을 내릴 수 없다면, 선행 원칙으로 넘어간다. 이는 P에게 최선의 이익에 따라 행동해야 함을 의미한다. 앞서 2장에서 최선의 이익에 관해 잠깐 언급한 바 있다. 만약에 누군가에게 최선의 이익으로 연결되는 행위가 웰빙으로도 이어지는 것이라면, 우리는 **웰빙**이 의미하는 것이 무엇인지 일반적인 접근법 세 가지를 통해 살펴볼 수 있다. 첫째, **정신상태** 이론이라고 불리는 것에 따르면, 웰빙은 정신적 경험에 따라 결정된다. 즐거움과 행복의 경험은 웰빙의 긍정적 측면이며, 불행과 고통은 부정적 측면이다. 우리의 웰빙은 긍정적 경험과 부정적 경험의 총량에 따라 결정된다. 둘째 접근법은 **욕망 충족** 이론이라고 불린다. 웰빙은 욕망을 충족하는가에 달려 있으며, 최선의 이익과 자율성 존중은 유사하다고 본다. 셋째 접근법은 **객관적 목록** 이론이라고 불리며, 웰빙을 다차원적인 것으로 보되 각 차원은 개인에 의해서 결정되는 것이 아니라 웰빙의 관념에 포함된 것으로 여긴다. 이 관점에서는 인간 존재의 객관적이고 이로운 측면을 구성하는 것이 무엇인지에 대한 합의에 도달해야 한다. 예를 들어 깊은 인간관계, 능력 계발과 같은 요소는 누군가가 이를 욕망하거나 그것이 즐거운 정신상태를 촉발하는가와 무관하게 웰빙을 구성하는 것으로 여겨진다. 반면 남에게 속거나 잔혹함으로부터 즐거움을 얻는 것은 그것으로부터 누군가가 즐거운 정신상태가 되거나 누가 이를 욕망한다고 할지라도, 웰빙이 감소하는 것으로 여겨진다.

P에게 최선의 이익이 무엇인지는 전적으로 분명하지 않다. 그러나 선행 원칙을 적용하면, 판단할 때 고려해야 할 중요한

이슈가 무엇인지 확인할 수 있다. 입원이 P에게 얼마만큼의 괴로움과 고통을 줄까? 그의 현재 경험은 긍정적인가 부정적인가? 병원 치료 이후 그의 경험은 어떠할까? 이 상황에서 그는 무엇을 욕망할까? 객관적 목록 이론은 알츠하이머병이 가한 손상의 부정적 측면을 강조할 것이다. P가 일상을 즐긴다 해도 누군가는 그의 웰빙이 뇌 손상으로 인한 이해 및 사고력 저하로 심각하게 악화되었다고 주장할 수 있다. 이 관점에서 P의 웰빙을 평가하는 것은 알츠하이머병이 그의 인지 능력에 어떤 영향을 끼쳤는가에 관한 사실에 크게 좌우된다.

P의 아내의 관점에 얼마만큼의 비중을 두어야 할까? 선행 원칙의 관점에서 본다면 아내의 견해도 중요한데, 그가 P에게 최선의 이익인 것을 이해할 수 있는 적절한 위치에 있기 때문이다. 환자의 자율성 존중 관점에서 볼 때도 아내의 견해는 중요한데, 그 아내는 P가 무엇을 원했을지 알 수 있거나 P가 (결정력과 사고력을 지니고 있었을 때) 돌봄에 관한 결정을 아내가 내리기를 원했을 수 있기 때문이다. 그러나 두 원칙 모두 그녀에게 아내라는 이유만으로 결정권을 부여하진 않는다.

정의의 원칙은 다른 이슈를 부각한다. P가 병원비를 모두 내는 것이 아니라면, 이런 돌봄을 제공하는 것이 병원 자원에 대한 경쟁적 요구가 있는 상황에서 다른 사람들에게 공정한 일인가라는 질문이 제기된다. 반대로, 만약에 P가 집에 남는다면, 그것은 아내에게 불공정한(또 원치 않는) 돌봄의 짐을 부과하는 것은 아닌가 하는 물음이 남는다.

도구 3, 4: 용어 정의와 개념 설명

윤리적 논의에서 사용하는 단어가 무엇을 의미하는지를 분명히 하는 일은 항상 중요하다. 때로는 단순한 정의로 충분할 수 있다(2장 글상자 1의 **안락사** 참조). 하지만 그 단어가 의미하는 것이 무엇인지 더 세밀하게 분석해야 할 때도 있다(방금 **웰빙**이라는 용어에 접근한 것처럼). 도구 3과 4의 차이는 종류가 아닌 정도가 다른 것이므로, 2장에서와 같이 구분할 필요가 있다. 이것은 윤리적 논증에서 두 가지 질문을 던지는 것이 유용하기 때문이다. 논증을 펼치는 양측이 **정의**(定義)가 똑같은 핵심 용어를 사용하고 있는가? 각 편이 정의에서 설명한 단어를 어떻게 이해하고 있는가? 예를 들면 안락사에 관한 논쟁에서 양측이 **안락사**의 정의에 동의하는 것은 중요하며, 양측이 환자의 **이익**에 관한 개념(안락사의 정의에서 사용된)을 통해 말하려는 바가 무엇인지를 확실히 해야 한다.

도구 5: 사례 비교

2장의 윤리적 논증에서 **실제** 사례를 비교하는 것의 가치를 논했다. 철학자는 **사고 실험**으로 알려진, 때로 비현실적인 가상의 상황을 활용하곤 한다. 우리는 사고 실험의 활용을 별도의 도구로 놓고 따져볼 것이다.

도구 6: 사고 실험

가상의 사례는 사례 비교의 일부로 사용될 수도 있고, 원칙과 논증을 검증하기 위해 사용될 수도 있다. 윤리적 사고에서 상상력을 사용하는 방법은 사고 실험의 논증을 전개하는 방식 또는 일반적인 사고방식에 대해 생각하는 것이다.

경험 기계(experience machine)는 유명한 사고 실험의 하나로, 로버트 노직(Robert Nozick)이 제시한 것이다. 그의 목적은 웰빙의 정신상태 이론을 비판하려는 것이었다('도구 2: 원칙을 통한 추론' 참조). 이 사고 실험은 공상과학 소설에서 빌린 개념을 활용한다. 내용은 글상자 7에 담겨 있다.

노직은 실험 장치 안에 들어가면 안 된다고 주장한다. 삶에서 중요한 측면은 정신상태 바깥에 있기 때문이다. 그가 드는 예시를 보자. 우리는 어떤 일을 **하고자** 하며(이 책을 쓰는 일을 예로 들자), 단지 책을 쓰는 경험을 하는 것만 원하지는 않는

7. 경험 기계

당신이 원하는 어떤 경험을 줄 수 있는 경험 기계가 있다고 가정해보자. 뛰어난 신경심리학자가 기계를 이용해 당신의 뇌를 자극하여 당신이 대작 소설을 썼다고, 친구를 사귀었다고, 흥미로운 책을 읽었다고 생각하고 느끼도록 만들 수 있는 것이다. 실험 장치에 들어가서 뇌에 전극을 붙인다.…… 그 안에 있을 때 당신은 지금 어디 있는지 알지 못한다. 당신은 모든 것이 실제로 일어나고 있다고 생각한다.
자, 실험 장치 안으로 들어가실까요?(Nozick, 1974)

다(이는 명백하다). 우리가 원하는 것은 어떤 유형의 사람이 되는 것이며 그러기 위해서는 행위 그리고 타인 및 세계와의 상호작용이 있어야 한다. 기계에 들어가서는 할 수 없는 일이다. 노직의 경험 기계에 의한 사고 실험은 웰빙의 정신상태 이론을 반박하려는 윤리학자에게 중요한 도구가 되었다.

도구 7: 논리

2장에서 히틀러 귀류법을 삼단논법으로 제시하면서 이 논증은 논리적으로 타당하지 않다고 말한 바 있다. 이런 **논리적으로** 타당하지 않은 논증은 추론 오류의 한 가지 유형이다. 다른 많은 추론들의 오류는 덜 형식적이다. 이런 오류는 전제가 건전하지 않거나 전제 사이의 연결이 건전한 논증을 완성하기에 충분하지 않아서 발생한다. 윤리적 추론을 위한 마지막 도구는 이런 오류와 관련되어 있다.

도구 8: 추론에서 오류를 발견하고 방지하기

조류학자가 새를 발견하는 것처럼 논리학자는 논증 오류를 찾아내고 이름 붙이길 좋아한다. 앞서 2장에서 **인신공격**을 다뤘다. 오류를 발견하고 이를 방지할 방법을 배우는 것은 의료윤리에서도 유용하다. 수사적으로 뛰어나 보이지만 실제로는 오류인 논증을 알아챌 수 있도록 도와주기 때문이다. 여기에서는 그런 오류 중 다섯 가지를 다루고자 한다. 오류를 더 알고 싶으면 워버튼의 책을 참조하면 된다.

스코틀랜드인 오류

한 남자가 말한다. "스코틀랜드 사람이라면 아내를 둔기로 마구 때릴 리가 없습니다." 다른 사람이 반증을 제시한다. "앵거스 맥스포란이라는 사람이 방금 그렇게 했습니다." 조국을 열렬히 사랑하는 남자는 주장을 철회하거나 다른 근거를 덧붙이는 대신,

처음과 똑같은 주장을 고수한다. "아니, 스코틀랜드 사람이라면 절대로 그런 일을 하지 않는다고요!"(Flew, 1989)

사실(경험적 주장)인 것처럼 보이는 주장을 반대 예시에도 영향받지 않게 만드는 방법은, 단어의 의미를 적절하게 바꾸는 것이다. 그렇게 하면 진술은 정의상으로 진실이 되지만, 어떠한 경험적 내용도 담고 있지 않게 된다.

열 개의 구멍난 바가지 전략

이 전략은 '오류가 있는 여러 개의 논증을 제시하고, 이를 전부 합쳐서 겉보기에 타당해 보이는 논증을 만드는' 방식이다. 이를테면, 물을 먼 거리까지 옮기고 싶으면 구멍난 바가지가 아무리 많아도 소용없다. 물이 다 새버릴 테니까. 당신에게 필요한 것은 한 개(또는 여러 개)의 튼튼한 바가지다.

여러 개의 오류가 있는 논증으로 특정 주제를 방어하려는 사람들이 이런 전략을 흔히 사용하며, 그들은 논증을 여러 개 제시하였으니 자신의 견해를 충분히 정당화했다고 생각한다. 그러나 필요한 것은 한 개(또는 여러 개)의 '탄탄한' 논증이다. 안락사를 반대하는 사람들이 자신의 견해를 지지하는 논증 여러 개를 제시했을 때, 모든 논증이 타당하지 않다면 견해를 옹호할 수 없다(2장 참조).

그 수와 상관없이 여러 개의 타당하지 않은 '논증'을 추가한다 해도 타당한 논증으로 만들 수는 없다. 하지만 여기에서는 각각의 항목이 개별적인 비중을 지니는 **증거**의 축적과 구분해야 한다.(Flew, 1989)

자연의 섭리 논증

자연의 섭리 오류와 신 역할 수행 오류는 2장에서 간략히 살펴보았다. 자연의 섭리를 압축하면 다음과 같은 주장이 된다. "이것은 자연적이지 않으므로 윤리적으로 잘못이다." 이 논증은 동성애를 반대하기 위해서나 안락사, 현대 생식의학, 유전학의 맥락에서 활용된다. 이 논증은 최소한 세 가지 면에서 문제를 지닌다. 첫째, 어떤 것이 비자연적이라고 말할 때 그것이 의미하는 바가 무엇인지 불분명하다. 만약에 전 인류의 1할에서 동성애가 나타나고 다른 종에서도 동성애적 행위가 관찰된다면, 동성애가 비자연적이라고 말하는 것은 무엇을 의미하는가? 둘째, 어떤 것이 비자연적이라는 사실에서 그것이 윤리적으로 잘못이라는 추론이 도출되는 이유가 불분명하다. 이를 뒷받침하기 위해서 어떤 이유를 제시할 수 있는가? 셋째, 의료행위뿐만 아니라 모든 곳에서 비자연적인 것이

윤리적으로 잘못이라는 데 대한 엄청난 수의 반대 예시가 존재한다. 이를테면, 수막염에 걸린 아이의 생명을 항생제와 집중치료로 살릴 수 있는데, 이런 치료는 '자연적'이지도 않으며 이 용어에 주어질 수 있는 어떠한 의미에도 해당하지 않는다. 하지만 우리는 치료를 윤리적 잘못이라고 생각하지 않는다.

신 역할 수행 논증

이 논증은 우선 누군가의 행위가 '신의 역할'을 하는 것이라고 정의한 뒤, 무언가를 행할 수 있는 권리는 신만 지니고 있으므로 그것을 행하는 것은 윤리적으로 잘못이라는 주장으로 이어진다. 이 논증에는 '자연의 섭리 논증'과 비슷한 맥락에서 문제가 있다. 신의 의지대로 하는 것과 그의 역할을 빼앗는 것을 구분하기 위해 사용할 수 있는 기준은 무엇인가? 다음 중 신의 역할을 하는 것은 무엇인가? 시험관 아기 시술, 연명장치 유보, 항생제 주사, 신장 이식. 우리는 어떤 행위가 신의 역할이라고 말하기 전에 그 행위가 옳은지 그른지를 먼저 따져봐야 한다. 따라서 신의 역할이라는 개념은 옳은 일을 결정하는 데 도움이 되지 않는다. 그것은 타당한 이유가 없을 때 논증을 강화하려는 수사적 시도일 뿐이다.

미끄러운 비탈길 논증

미끄러운 비탈길 논증의 핵심은 어떤 입장을 취하고 나면 그다음에는 윤리적으로 더욱 잘못된 극단적인 입장을 배척하기가 대단히 어렵거나 사실상 불가능하다는 점이다. 마치 미끄럼틀에 올라탄 다음에는 맨 밑까지 내려오지 않기가 무척 어려운 것과 비슷하다. 더 극단적인 입장을 받아들이지 않으려면, 애초의 덜 극단적인 입장조차도 수용해서는 안 된다.

미끄러운 비탈길 논증에는 논리적 유형과 경험적 유형의 두 가지가 있다. 논리적 유형은 그저 오류일 뿐이다. 경험적 유형은 세상이 어떠한지에 관한 사실적(경험적) 주장을 하므로 이를 정당화하려면 윤리적 논증이 아닌 경험적(과학적) 증거가 필요하다.

미끄러운 비탈길 논증의 논리적 유형은 세 단계로 구성된다.

1단계: (합리적인) 명제 p를 수용한다면 이와 연결된 명제 q를 받아들여야 한다. 같은 맥락에서 q를 받아들인다면 명제 r도 받아들여야 한다. 같은 과정이 명제 s, t로 이어진다. 명제 p, q, r, s, t 등은 서로 연관된 명제들이며, 그중에서도 바로 붙어 있는 명제끼리는 더욱 유사하다.

2단계: 반대편에게 이 연관된 명제들의 어떤 단계를 수용하는 것은 윤리 면에서 받아들일 수 없거나 잘못이라는 동의를 얻는다.

3단계: 다음과 같이 형식 논리를 적용한다. 만약에 첫 명제(p)가 윤리 면에서 받아들일 만하다면 마지막 명제(t) 또한 윤리 면에서 받아들일 만하다. 그러나 우리는 마지막 명제(t)를 윤리 면에서 받아들일 수 없다는 데 동의했으므로 첫 명제(p) 또한 윤리 면에서 받아들일 수 없다는 결론에 도달해야 한다.

요컨대, 1단계는 다음과 같은 전제를 수립한다. "p면 t이다." 2단계는 다음과 같은 전제를 수립한다. "t는 틀렸다." 3단계는 전제에서 논리적으로 다음과 같은 결론이 도출된다는 것을 제시한다. "p는 틀렸다."

이러한 미끄러운 비탈길 논증의 논리적 형식은 고대 그리스에서 처음 제시된 '연쇄 역설(sorites paradoxes)'과 밀접하게 연결되어 있다. 여기에서 말하는 '연쇄(sorites)'는 그리스어로 덩어리를 의미하는 '소로스(soros)'에서 유래했다. '연쇄 역설'의 초기 형태는 다음과 같았다. "모래 한 줌은 더미를 쌓을 수 없다. 모래 한 줌을 더 얹는다고 더미가 아닌 것이 더미가 되지는 않는다. 따라서 당신은 모래 더미를 쌓을 수 없다." 모래사장에서 놀고 있는 아이를 잠깐이라도 관찰하면 미끄러운 비탈길 논증의 논리적 형식에 오류가 있음을 알 수 있다. 1단계부터 틀렸다. 명제 p와 q가 매우 가까워서 윤리적 차이가 작을 수도 있고 그것을 인지하기 어려울 수도 있지만, 차이가 없는 것은 아니다. 명제 p와 t 사이의 긴 길이를 매우 작고 (거의) 지각할 수 없는 길이로 무수히 나눌 수는 있지만, 각 단계 사이의 매우 작은 (윤리적) 차이가 결합하여 명제 p와 t 사이의 상당한 윤리적 차이로 나타난다. 마치 비탈의 꼭대기와 맨 아래의 차이처럼.

미끄러운 비탈길 논증의 경험적 형식은 오류일 수도 있고 오류가 아닐 수도 있다. 자발적 안락사의 합법화를 반대하는 사람은 의사에게 안락사를 허용할 경우 사실상 현실적으로 비자발적 안락사(또는 더 심한 것까지)를 허용하게 된다고 주장한다. 이런 주장을 하는 사람은 각 단계를 넘어갈 때 **논리적** 필연성이 있다고 하지는 않지만, 현실에서는 그런 미끄러짐이 발생한다고 주장한다. 따라서 자발적 안락사가 원칙상 잘못이 아니라 하더라도 정책상 자발적 안락사를 법제화해서는 안 된다는 것이다.

이런 경험적 형식의 논증은 현실(특히 인간의 심리와 관련하여)에 관한 가정에 의존하며, 따라서 그런 가정을 위한 증거가 얼마나 설득력 있는지가 관건이다. 실제로 일어날 일은 정책이 어떻게 표현되는지 또는 집행되는지에 달린 경우가 많다.

경험적인 미끄러운 비탈길에 대한 대응은 세 가지 요소로

3. 미끄러운 비탈길.

이뤄져 있다. 첫째, 가정한 미끄러짐이 일어날 것이라는 증거를 검토하고 평가한다. 둘째, 비탈로 미끄러지는 것을 방지할 수 있는 개념적으로 탄탄한 '장애물'이 있는지 살핀다. 이를테면, **자발적** 안락사와 **비자발적** 안락사를 구분하면 장애물의 기반을 찾아낼 수 있을 것이다. 셋째, 임의적 장애물을 설정해(예를 들면, 알코올을 섭취할 수 있는 법적 최저 연령이 있는 것처럼 법적 상황에서 흔히 볼 수 있다) 미끄러짐을 방지할 수 있는지 살핀다(도판 3 참조).

미끄러운 비탈길 논증은 자발적 안락사의 합법화를 반대하기 위해 사용될 수 있다(2장 글상자 3의 콕스에 관한 논의 참조). 그 사례에서 살해를 허용하는 것은, 살해를 허용해서는 안 되는 상황에서 살해를 허용하는 방향으로 불가피하게 이어질 수 있다는 것이다. 이런 논증의 타당성은 법의 틀과 실천의 규제에도 불구하고 이런 '미끄러짐'이 실제로 발생할 것인지에 관한 증거에 달려 있다.

도구 너머로

윤리적 추론은 알고리즘으로 환원될 수 없다. 상황은 복잡하며 옳은 일을 실천하기 위해서는 유연성이 필요하다. 다른 덕목을 생각하지 않고 오직 합리성만을 따진다면 관료주의처럼 경직되고 비인간적이 될 수 있다. 인간적인 의학은 합리성뿐만 아니라 다른 차원도 필요하다. 지혜, 상상력, 창의력이 그것이다.

지혜

영국 왕립정신과협회(Royal College of Psychiatrists)의 좌우명은 '지혜가 이끌도록 하라'이다. 우리가 생각하는 지혜란 애초에 윤리적 온전함과 우리의 행위 결과에 대한 직관적 파악을 결합한 것이다. 지혜는 사람들이 상황에 어떻게 반응할지에 대한 이해를 수반한다. 의학에서 지혜는 특정 환자가 어떤 상태에서 별도의 관리 전략에 어떻게 반응할 것인지를 충분하게 파악하는 것이다. 지혜로운 사람은 거의 항상 옳은 결과를 가져오는 옳은 일을 한다. 덜 지혜로운 사람은 옳은 일을 하려 하지만 행위의 결과에 대한 판단을 제대로 하지 못해 나쁜 결과를 가져오고는 한다. 이런 판단은 다른 사람이 어떻게 반응할 것인지를 잘못 읽어서 발생한다. 지혜를 얻기 위해서는 호기심과 성찰로 얻은 경험이 필요하다. 다만 이러한 경험은 '객관적' 증거를 강조하는 시대에 저평가되고 있다.

상상력

분석력, 논증, 설득력이 아무리 뛰어나도 상상력이 부족하면 잘못된 결정을 내릴 수 있다. 의학에서 상상력이 필요한 이유는 환자, 가족, 보건의료인이 지닌 관점과 감정을 이해하기 위해서다. 예술과 문학은 상상력을 확장하고 인간 경험의 다양성을 이해하는 데 도움을 준다. 로마 시대 극작가 테렌티우스는 이렇게 적었다. "나는 인간에 대한 것은 그 어떤 것도 남의 일로 보지 않는다." 경험이 많지 않은 보건의료인에게 건넬 수 있는 훌륭한 충고일 것이다.

창의력

지금까지 윤리적 논증에 창의력이 필요함을 살펴왔다. 논증을 펼치고 반대 사례를 따지며 사례 비교와 사고 실험을 상상하기 위한 창의력이다. 의료윤리는 이로운 행위에 관한 것이다. 특정 상황에서 옳은 결정과 옳은 행위가 무엇인지 따져본다. 가장 우선적으로 생각해야 할 일은 이것을 할지 저것을 할지 따져보는 것이다. 이는 다른 가능성이 있는지 살펴보는 창의적 행동이다. 이는 윤리적 딜레마를 비켜가는 것일 수도 있고 어떤 점에서는 더 나은 것일 수도 있다. '다른 접근법이 있을까' 하고 질문을 던지는 것은 언제나 도움이 된다.

2, 3장에서는 의료윤리의 **기술적** 측면에 집중했다. 서구에서 윤리학의 창시자 중 한 명인 소크라테스는 철학적 기술을 활용해 쉽사리 답할 수 없는 질문과 논증을 던져 현 상태를 불편하게 만드는 지적 잔소리꾼 역할을 했다. 4, 5장에서는 의료윤리에서 철학적 사고를 유용하게 활용할 수 있는 방법을 다루고자 한다.

제 4 장

존재하지 않는 사람에 관하여, 적어도 아직까지는

의료윤리는 2, 3장에서 강조한 것처럼 문제를 분석하고 논증하는 것이다. 방법과 도구를 손에 넣었다. 하지만 그 **목적**은 무엇인가?

이번 4장과 다음 5장에서는 의료윤리의 핵심을 다루는데, 우리가 관습적으로 세상을 보는 방식에 허점이 제법 있다고 지적한다. 의료윤리는 현 상태를 새로운 눈으로 바라봄으로써 전문가나 정책입안자의 삶을 바쁘게 만든다. 즉, 비판자로서의 의료윤리다.

6, 7장에서는 당장 무엇을 해야 할지 몰라 혼란과 불확실함을 겪는 사람에게 친절함을 베풀기 위한 방식으로 의료윤리를 다룰 것이다. 마지막 8, 9장에서는 의료윤리 자체가 공격의 대

상이 된다.

의학은 일반적으로 현재를 살아가는 사람을 위한 것이다. 물론 항상 그렇지는 않다. 의학이 써내려가는 이야기가 먼저 시작됐고 그다음에야 개념화가 이루어졌기 때문이다. 로런스 스턴의 작품 주인공인 트리스트럼 섄디는 한 개인의 성격과 생애는 그의 부모가 성관계를 할 때 떠올리는 생각에 따라 결정된다고 믿는다. 트리스트럼은 불평을 늘어놓는다.

> 난 아버지나 어머니, 아니 같은 의무를 짊어진 두 사람이 나를 가졌을 당시, 자신들의 상황을 세심하게 받아들였길 바란다. 자신들의 행위가 나중에 얼마나 큰 영향을 끼칠지에 대해서도 말이다. 그것은 단지 이성적 존재를 낳는 일뿐 아니라 행복과 기질, 천재성과 마음의 조형을 이루어내는 일이니까. 근데 집안 전체의 운때가 그 기질과 성향이 최고조에 달하게 했다 한들, 그들은 아마 반대로 움직였으리라.…… "기도합시다, 내 사랑. 근데 시계는 제대로 맞춰놨죠?" 하고 어머니가 말하자, 아버지는 "제길!" 하고 소리를 질렀겠지. 동시에 짐짓 점잖은 척하려고 노력했을 테지. "천지창조 이래로 어느 여자가 그런 바보스러운 질문으로 남자를 방해했단 말이야?"

인간수정및배아법(Human Fertilisation and Embryology Act)

은 영국에서 보조생식 의료 서비스를 관장하는 법으로, 의사가 여성의 임신에 관여할 때 유념해야 할 규정을 다룬다. 이 법에 따르면, 불임 클리닉은 반드시 "치료의 결과로 태어날 아이의 복지를 고려(양육 과정에서 아이에게 필요한 것을 지원하는 내용을 포함)"할 의무를 진다. 그 초안(1990년)에서 괄호 안의 문구는 "양육 과정에서 아버지에게 필요한 것을 지원한다"였는데, 2008년 의회에서 긴 논의 끝에 현재 문구로 변경되었다. 이러한 변화는 주로 미혼모와 동성 커플에 대한 사회적 태도의 변화를 반영한 결과였다. 다만 이 논의에는 허점이 많았는데, "태어날 모든 아이"의 복지에 관한 근본적인 문제는 거의 다루지 않았기 때문이다. 이것을 **비동일성 문제**라고 한다.

비동일성 문제에 담긴 윤리적 함의는 영국 철학자 데릭 파핏(Derek Parfit)이 저서 『이성과 인격』에서 최초로 상세하게 다뤘다. 하지만 그런 함의는 폐경기가 지난 59세 영국 여성이 이탈리아의 사설 불임 클리닉에 갔을 때(그곳에서 쌍둥이를 낳았다)는 완전히 무시되었다. 당시 사람들은 이렇게 생각했다. "쯧쯧, 불쌍한 녀석. 친구들이 나이 많은 엄마를 학교 문 앞에서 보면 비웃을걸." 당시 영국 사회에서는 태어날 아이의 입장을 고려하면 노령 여성이 불임 클리닉에 가서는 안 된다는 분위기가 주류를 이루었다. 비동일성 문제를 이해하고 이런 견해가 왜 잘못인지 따져보려면, 보조생식과 입양의 유사점을 먼저 확인해야 한다.

입양과의 유사점

'체외 수정(in vitro fertilization, IVF)'의 초창기에 맨체스터에 거주하던 한 여성이 시술 대기자 명단에서 제외되었다. 성매매와 관련한 범죄 기록을 가지고 있다는 사실이 밝혀졌기 때문이다. 병원에서는 (아직 인간수정및배아법이 발효되기 전이라서) 자체적으로 정책을 마련해놓은 상태였다. 이 정책에서는 체외 수정을 기다리는 커플은 "입양 적절성을 평가하는 입양 단체가 제시하는 일반 기준에 부합해야 한다"고 명시했다 (Kennedy/Grubb, 2000). 체외 수정 시술을 받으려는 여성이 입양 부모로 적절하지 않다면, 생식과 관련하여 조력을 얻을 수 없다는 의미였다. 아마도 이 정책의 주된 근거는 불임 치료가 성공한다면 탄생할 아이의 입장일 것이다. 그러나 입양과 보조생식 사이에는 유사점이 있을까?

입양의 경우에는 아이(아이 'x')와 입양 후보자 A, B, C가 존재할 것이다(도판 4 참조).

커플 A가 커플 B, C보다 좋은 양육자가 될 거라고 믿을 만한 충분한 이유가 있으며, 아이 'x'는 다른 커플(B, C 등)을 선택했을 때보다 커플 A를 선택했을 때 좋은 삶을 살 가능성이

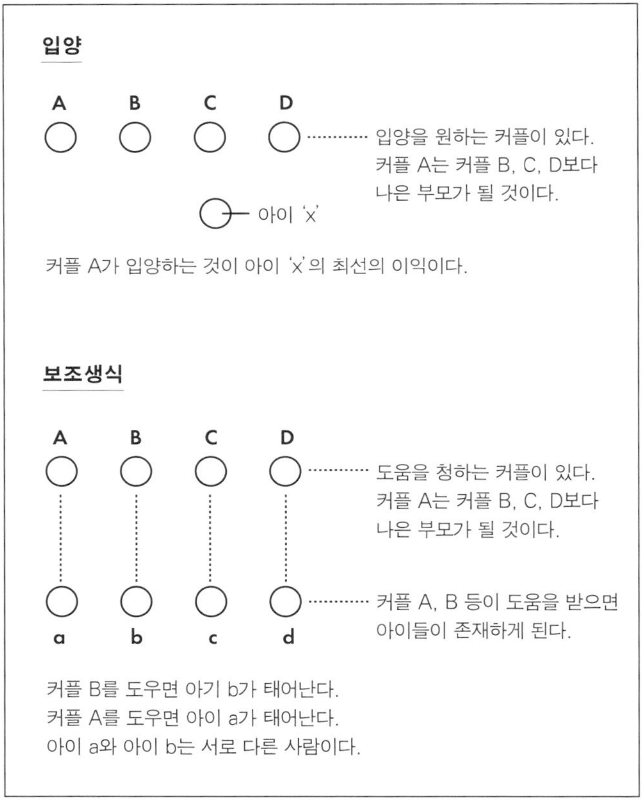
입양
A
B
C
D
입양을 원하는 커플이 있다.
커플 A는 커플 B, C, D보다
나은 부모가 될 것이다.
아이 'x'
커플 A가 입양하는 것이 아이 'x'의 최선의 이익이다.
보조생식
A
B
C
D
도움을 청하는 커플이 있다.
커플 A는 커플 B, C, D보다
나은 부모가 될 것이다.
커플 A, B 등이 도움을 받으면
아이들이 존재하게 된다.
a
b
c
d
커플 B를 도우면 아기 b가 태어난다.
커플 A를 도우면 아이 a가 태어난다.
아이 a와 아이 b는 서로 다른 사람이다.

4. 입양 대 보조생식.

더 크다고 가정하자. 양육의 질에 관한 판단(이런 판단은 양육 기관이 내릴 것이다)을 내린다면, 아이 'x'에게 최선의 이익을 주는 길은 커플 A가 아이 'x'를 입양하는 것이다.

이제 입양과 보조생식을 비교해보자. 커플 A, B, C가 불임 클리닉에 왔다고 가정하자. 모든 커플이 좋은 양육자가 될 것으로 보이지만, 커플 A가 커플 B, C보다 좋은 부모가 되리라고 믿을 만한 타당한 이유가 있다. 어떤 커플을 도와야 할까? 우리가 판단할 수 있는 범위 내에서 커플 A를 돕는다면 앞으로 태어날 아이에게 최선인 이익에 따라 행동하는 셈이다. 그렇다면 아이는 커플 B, C와 비교할 때 커플 A와 함께 더 나은 삶을 살까?

그러나 상황은 그리 단순하지 않다. 마치 태어날 아이들이 줄을 서서 기다리며 입양을 원하는 부모들에게 가는 상황이 아니기 때문이다. 만약에 커플 A의 임신을 돕는다면 아이 a가 존재하게 되며, 커플 B를 돕는다면 아이 b가 존재하게 된다. 다른 시간대에 존재하는 아이의 이익을 어떻게 평가할 수 있을까? 만약에 커플 B를 도와 아이 b가 존재하게 되어 좋은 삶을 시작했다고 하자. 그 삶이 아이 a가 누리게 되었을 삶만큼 좋을까? 만약에 딱 한 커플만 도울 수 있는 자원이 있고 아이에게 최선인 이익을 판단 기준으로 삼는다면, 어느 커플을 선택해야 할까? 커플 A를 돕는 것이 아이에게 최선인 이익이라고 쉽게 말할 수는 있지만 옳은 대답은 아니다. 어느 커플을 선택하느냐에 따라 다른 아이가 태어난다. 커플 A를 도울 때 최선의 이익은 아이 a의 것이지만, 커플 B를 도울 때 최선의 이익은 아이 b의 것이다. 혹시라도 나중에 존재할 아이의 이익에 초점을 맞춘다면 이렇게 질문을 던져야 한다. "이 부모에게서 태어나는 것과 아예 존재하지 않는 것 중 어느 쪽이 아이에게 최선의 이익일까?" 당연히 이러한 질문은 이상한데, 존재와 비존재를 비교하기 때문이다. 다음과 같은 질문이 더 나을지도 모른다. "만약에 이 커플에게 아이가 생긴다면, 그 아이는 가치 있는 삶을 살 수 있는 가능성을 가지고 있을까?" 핵심은 바로 '이' 아이가 가질 가능성이며 다른 어떤(더 나을 수도 있는) 부모도 이 가능성을 만들어낼 수는 없다. 이것이 보조생식과 입양의 유사점을 무너뜨리는 핵심이 된다.

만약에 단 한 커플만 도울 자원이 있다면 커플 A를 돕는 선택을 내리는 논증을 제시할 수 있다. 논증은 다음과 같이 이어진다. 커플 A를 도왔을 때 존재할 아이(아이 a)는 커플 B를 도왔을 때 존재할 아이(아이 b)보다 좋은 삶을(최선의 이익을 기준으로 삼을 경우) 살 것이다. 만약에 여러 커플 사이에서 선택을 내릴 때 따져보아야 할 다른 이유가 없다면 최선의 삶을 누릴 가능성이 가장 큰 아이가 존재할 수 있도록 행위하는 것이 낫다. 이 사례에서 커플 B, C를 도울 때보다 커플 A를 도울 때 최선의 삶을 누릴 아이가 존재하도록 할 가능성이 크다. 따라서 커플 A를 도와야 한다. 커플 A 대신에 커플 B를 선택하는 것은 장차 존재할 아이에게 최선인 이익에 '반하는' 행동이다. 커플 A를 돕는 선택은 개인에게 최선인 이익에 근거하는 대신에 아이에게 최선의 삶을 안길 가능성이 큰 커플을 선택하여 세계를 더 나은 곳으로 만드는 일이다.

다음의 예시를 보면 앞서 말한 내용이 좀더 분명하게 다가올 것이다. 병원에서 응급 수술이 필요한 환자를 받기 위해 수술이 급하지 않은 환자의 입원을 늦췄다고 해보자. 수술이 급하지 않은 환자의 수술이 늦어지는 것이 그에게 최선의 이익이라고는 누구도 생각하지 않을 것이다. 오히려 그에게 최선인 이익에 반하는 일이다. 응급 수술이 필요한 환자의 이익을 따를 때, 수술이 급하지 않은 환자의 최선의 이익에 반하는 행위를 정당화할 수 있다. 선택을 내려야 한다면 더 응급한 환자에게 우선권을 주는 결정이 옳은 것처럼 보인다.

우리는 보조생식 사례에서 커플 B, C 대신에 커플 A를 도와야 한다는(한 커플만 도울 자원이 있다는 가정하에) 직관적인 선택을 정당화할 수 있는 논증을 찾았다. 그러나 이 논증은 태어날 아이에게 최선인 이익에 따라 행동한다는 개념을 따르지 않는다. 대신에 이 논증은 '복지 극대화(welfare maximization)' 유형의 개념에 속한다. 복지 극대화에 따르면 커플을 선택할 때 아이에게 최선의 삶을 안길 가능성이 있는 커플을 선택해야 한다. 결정이 같은데 이유가 다르다고 해서 문제가 될까? 물론 그렇다.

존재와 비존재 비교하기

이미 가정하기를, 커플 A, B, C 중에서 딱 한 커플만 도울 수 있다고 했다. 하지만 이런 경우는 흔하지 않다. 앞서 말한 59세 영국 여성은 자비로 이탈리아의 클리닉을 방문하여 쌍둥이를 낳았다. 이 클리닉은 이 여성과 여타 부모를 고려하여 선택을 내리지 않았다. 그렇기에 영국 언론이 이 사례를 두고 강하게 비판할 때도 영국 여성을 임신하도록 도왔기 때문에 여타 커플이 도움을 받지 못했다는 식의 비판은 없었다. 대신에 클리닉의 도움을 받아 탄생할 아이(태어날 수 있는 모든 아이)의 이익에 반하여 행동했다는 것을 들어 비판했다.

만약에 우리가 태어날 아이의 이익에만 초점을 맞춘다면, 다음과 같은 질문을 던져야 한다. "태어날 아이의 이익은 이 부모 밑에서 태어난 것과 태어나지 않는 것 중 어느 쪽이 더 큰가?" 물론 이 질문은 매우 이상하다. 존재(어떠한 상태이든 간에)와 비존재를 어떻게 비교할 수 있을까? 누군가는 이런 비교를 0으로 나누는 것 같다고 했다. 얼핏 그럴듯하지만, 아무런 의미도 없는 말이다. 태어날 아이가 끔찍한 삶을 살게 되는 것이 아니라면, 누군가는 아이에게 최선의 이익은 존재하는 것 자체라고 생각한다. 결국 존재는 긍정적인 것이기 때문이다. 하지만 다른 누군가는 몽테스키외가 "사람이 태어나는 것에 기뻐할 게 아니라 죽는 것에 기뻐해야 한다"고 말한 것처럼, 존재는 부정적인 경험이라고 생각할지도 모른다.

만약에 존재와 비존재를 비교할 수 없다는 생각이 타당하다면, 존재할 아이에게 최선인 이익을 고려하는 것은 무의미하다. 하지만 이 견해에는 난점이 있다. 논증을 위해 커플 J가 아이를 낳았다고 가정해보자. 이 아이는 끔찍한 유전적 질환을 앓으며 엄청난 고통을 겪고 있다. 아이는 내내 고통에 신음하다가 결국 한 살에 짧은 생을 마감했다. 아이는 1년 내내 고통을 겪다가 죽은 것이다. 이런 상황에서 커플 J가 이 아이를 임신하도록 돕는 것은 잘못이라고 말할 수 있다. 그렇게 하도록 돕는 것은 존재하게 될 아이의 최선의 이익에 반하는 일이기 때문이다.

'0으로 나누기'가 아니더라도 이런 판단을 내리는 것은 가능하다. 삶의 특정 기간에 우리는 누군가의 경험이 전반적으로 긍정적인지 부정적인지 물을 수 있다. 누군가의 전반적인 삶이 0점 이상이라면 살 가치가 있을 것이며 0점 이하라면 살 가치가 없을 것이다. 커플 J에게서 태어날 아이의 경우, 아이의 삶은 전반적으로 0점 이하라고 평가할 수 있다. 이런 이유에서 아이에게 최선의 이익은 태어나지 않는 것이라고 말할 수 있다. 이런 방식을 통해 존재와 비존재를 비교하는 문제를 피하고, 아이의 삶이 전반적으로 0점 이상인지를 판단할 수 있다.

태어날 아이의 최선의 이익에 반한다는 이유로 폐경기가 지난 59세 여성의 임신을 돕지 말아야 한다고 논증하는 것은 어느 관점에서 본다 해도 성공적이기 어렵다. 존재와 비존재를 비교하는 것이 무의미하다면 여성이 임신하도록 돕는 것이 아직 존재하지 않는 아이의 최선의 이익에 반하는 방향으로 행동하는 것이라는 주장 또한 무의미하다. 이 관점에서는 최선의 이익에 기반을 두어 주장을 펼칠 수 없다. 존재하지 않는 것의 이익과 존재하는 것의 이익을 비교하는 것은 의미 없기 때문이다. 한편, 존재하는 것이 (미래에 존재할) 아이의 이익인지에 대한 판단은 예상되는 삶이 전반적으로 긍정적인 경험일지의 판단에 달렸다는 점에서 의미를 지닌다. 이 경우에는 다음과 같은 질문이 던져질 것이다. "59세 여성에게 태어난 아이의 예상되는 삶은 전반적으로 긍정적일까?"

나이 많은 엄마를 두었다는 이유로 학교에서 괴롭힘을 당하면 아이는 불행할 것이다. 하지만 몽테스키외의 말에 동의하지 않는 이상, 그러한 점 때문에 아이의 삶이 살 가치가 없다는 주장은 정당화되지 못한다. 법원에서 연명 치료를 받는 것과 죽도록 놓아두는 것 중 어느 쪽이 아이에게 최선의 이익인지 결정해야 한다면 기준을 매우 높게 잡아야 할 것이다. 다시 말해, 죽도록 놓아두는 것이 아이에게 최선의 이익일 수 있다고 법원이 결정하려면 아이의 삶이 매우 나빠야 한다는 것이다. 물론 아이가 학교에서 괴롭힘을 당할 수 있다는 가능성 때문에 법원에서 아이가 죽도록 놓아두는 것이 낫다고 주장하는 일은 생기지 않을 것이다. 폐경기가 지난 여성을 임신하도록 도왔다는 것에 반발한 여론은 치료의 결과로 존재할 아이의 삶이 더 젊은 어머니에게서 태어난 아이보다 나쁘다는 이유를 내세웠다. 그러나 우리가 논증한 것처럼, 영국 여성에게서 태어난 아이는 더 젊은 여성의 아이로 존재할 수 없으므로 그런 주장은 이 사례와 무관하다.

동일성 유지 행위와 동일성 변동 행위

위 논의에서 본질적인 차이를 찾아볼 수 있는데, 그것이 바로 비동일성 문제의 핵심이다. 동일성 유지 행위(또는 결정)와 동일성 변동 행위(또는 결정)가 그것이다.

동일성 유지 행위의 예시로는 임신한 여성이 다량의 술을 마시는 상황을 들 수 있는데, 음주는 태아의 '동일성'에 영향을 끼치지 않는다. 어머니의 알코올 섭취 결과로 태아가 어느 정도의 뇌 손상을 입고 태어났다면 태아는 알코올 섭취로 인해 해를 입은 것이다.

동일성 변동 행위의 예시로는 30세 여성이 임신을 40세로 미루는 상황을 들 수 있다. 그렇게 미룬 결과로 다른 아이가 태어날 것이다. 의사가 커플 B 대신에 커플 A의 임신을 돕기로 했다면 그는 동일성 변동 결정을 내린 것이다.

글상자 8에서 비동일성 문제가 발생하는 의학적 상황 몇 가지를 언급했다. 이들 상황은 동일성 변동 행위를 포함하고 있다. 더 나은 삶을 살 가능성을 지닌 아이가 태어나는 것이 더 나은 결정이라는 논증을 모든 사례에서 제시할 수 있다. 이런 논증은 앞서 개괄한 것처럼 전반적인 복지 극대화의 개념에 기초하고 있다. 그러나 글상자 8에서 제시된 사례 중 어떤 것도 장차 태어날 아이의 이익에 기초하여 논증을 진행할 수는 없다. 즉, 어떤 결정을 내렸다고 해서 그 결정에 따라 태어날 아이가 해를 입었다고 주장할 수는 없다는 것이다.

비동일성 이슈는 의사가 무엇을 해야 할지 결정을 내리는 데 큰 영향을 끼친다. 의사가 행위를 돕는 상황에서(태아에게 해를 끼칠 수 있는 약을 임산부에게 처방하는 경우) 해악이 발생할 수 있음을 타당한 근거로 삼아 의사는 약 처방을 거부할 수 있다. 약 처방은 동일성 유지 행위의 한 가지 예시다. 그러나 의

8. 비동일성 문제를 포함한 임상 사례 세 가지

1. 착상 전 유전자 검사

가상 사례 1: 배아에게 '청각 장애' 유발하기
청각 장애를 유발하는 유전자를 가진 커플이 청각 장애를 지닌 아이를 낳고 싶어하는데, 아이 또한 '청각 장애인 공동체'의 일원이 되길 원한다. 여성이 임신했고 유전자 검사를 통해 태아가 청각 장애를 유발하는 유전자를 가지고 있지 않다는 사실을 파악했다. 즉, 태어날 아이는 청각 장애가 없다. 정상 태아를 청각 장애를 지닌 태아로 만드는 약이 있다고 가정해보자. 다른 효과는 없으며 배아와 산모에게는 확실하게 안전하다. 이 커플은 아이를 청각 장애아로 만들기 위해 여성이 약을 복용하기로 결정했다.

가. 커플이 약을 먹기로 한 것은 윤리적으로 잘못인가?
나. 커플의 요청으로 의사가 약을 처방하는 것은 잘못인가?
다. 부모가 약을 먹었고 아이가 청각 장애를 지닌 채 태어났다면, 아이가 부모와 의사를 원망하는 것은 윤리적으로 정당한가?

다음의 가상 사례를 생각해보자.

가상 사례 2: 청각 장애가 있는 배아 선택하기
청각 장애를 유발하는 유전자를 가진 커플이 불임 클리닉을 방문했다. 체외 수정을 통해 배아를 여럿 만들었고 '청각 장애 유전자'가 있는지 유전자 검사를 했다. 배아 A는 유전적으로 정상이다. 배아 B는 '청각 장애 유전자'를 가지고 있고 나머지는 정상이다. 커플은 배아 B를 착상하여 청각 장애가 있는 아이 B를 낳길 원한다.

배아가 인간으로서 온전한 윤리적 지위를 누린다고 생각한다면, 이 사례에서 배아를 난자로 바꿔 생각하면 좋다.

가. 커플이 착상 과정에서 배아 A 대신에 배아 B를 선택한 것은 윤리적으로 잘못인가?
나. 커플의 요청에 따른 의사의 행위는 잘못인가?
다. 아이 B가 부모와 의사를 원망하는 것은 윤리적으로 정당한가?

사례 1과 사례 2의 답변을 비교해보자. 커플이 정상적인 청력을 지닌 아이를 가질 수 있음에도 청각 장애가 있는 아이를 선택하는 것과 의사가 그런 선택을 돕는 것은 잘못인 것처럼 보인다. 이것이 잘못인 것처럼 보이는 주된 이유는 그런 선택이 아이에게 해를 끼칠 것이라는 예상 때문이다. 그러나 이런 생각은 오류다. 아이에게 해를 끼치는 것은 아니다. 왜냐하면 착상할 배아를 선택하는 것은 동일성 변동 선택이기 때문이다(본문 참조).

2. 임신 지연

35세 여성이 언젠가는 아이를 낳고 싶어하지만, 지금은 아니라고 생각한다. 이 여성은 4년 정도 임신을 미루고 그동안 학위과정을 마치려 한다. 임신을 미루면 21번 삼염색체성(다운 증후군)이 있는 아이를 가질 가능성이 크다는 것을 안다. 그러나 의사에게 피임약을 처방해달라고 요청한다. 의사는 3년 반에 걸쳐 약을 처방한다. 그후 이 여성은 임신하고 21번 삼염색체성을 지닌 아이가 태어난다. 피임약을 처방한 의사의 행위가 아이에게 해를 끼쳤을까? 아니다. 의사가 약을 처방하지 않았다면 다른 아이가 태어났을 것이다.

3. 여드름 치료

여드름은 주로 청소년에게 나타나는 피부 질환이다. 얼굴 전반에 뾰루지와 농포가 생긴다. 아주 심한 여드름을 치료하지 않고 그냥 두면 심리적인 문제뿐 아니라 영구적인 흉터로 이어진다. 아이소트레티노인이라고 불리는 약이 효과적일 때가 있다. 다만 아이소트레티노인은 치명적인 부작용이 있는데, 임신부가 이 약을 복용하면 태아에게 손상을 입힐 수 있다는 것이다. 주로 얼굴 또는 심장에 선천적 기형을 지닌 아이가 태어날 수 있다.

태아에게 나타나는 부작용의 심각성 때문에 임산부에게 여드름이 심하게 났다고 아이소트레티노인을 처방하는 것은 잘못으로 여겨진다. 그 여성이 치료를 원한다 해도 태아 또는 이후 태어날 아이에게 끼칠 해악이 더 중요하다.

그러나 환자가 현재는 임신 상태가 아니지만 약 복용중 임신 가능성이 있는 상황에서 의사는 약을 처방해도 될까? 의사의 행동 지침은, 아이소트레티노인 복용을 멈출 때까지 임신을 미룰 것이 확실한 여성에게만 아이소트레티노인을 처방하는 것이다. 어떤 경우에는 아이소트레티노인과 피임약을 함께 처방하기도 한다.

이런 관점에서 아이소트레티노인 복용 과정(보통 반년에서 1년 정도)에서 임신을 미룰 것이라고 신뢰할 수 있는, 아직 임신하지 않은 여성에게 아이소트레티노인을 처방하는 것은 옳다. 하지만 신뢰할 수 없는 여성에게 약을 처방하는 것은 잘못이다. 여기서 직관적으로 판단하면, 여성이 임신을 미루지 않는다면 아이는 선천적 기형을 가지고 태어날 것이며, 따라서 여성이 아이에게 해를 끼칠 것이다. 임신을 미룬다면 아이에게 해를 끼치지 않을 것이다. 그러나 앞서와 비슷하게 여기에서 태어나는 아이는 다른 아이다. 여성이 임신을 미루지 않은 결과로 아이가 해를 입었다고 주장할 수 없다. 여성이 임신을 미뤘다면 그 아이는 아예 존재하지 않았을 수도 있다. 하지만 그 여성이 아이소트레티노인을 복용한 탓에 아이가 해를 입었다고 말할 수는 있다.

사의 행위가 동일성 변동 행위이고 태어날 아이가 장애 또는 질환을 지니게 된 경우, 그 아이보다 상태가 더 좋지 않았을 것이라고 가정하여 비교 대상으로 삼을 수 있는 다른 아이는 존재하지 않는다. 환자의 자율성과 생식 선택 모두에 상당한 비중을 부여하는 사회에서 의사는 일반적으로 어떤 사람도 해를 입지 않는 상황이라면 여성의 선택을 간과해서는 안 된다. 동일성 변동 결정(또는 행위)은 누구에게도 해를 끼치지 않는다(아이의 삶이 전반적으로 살 가치가 없는 경우가 아니라면). 이런 결론을 통해 의사나 사회가 장차 태어날 아이의 복지를 근거로 보조생식을 거절하는 것은 언제나 잘못된 일이라고 말할 수 있다. 이 결론은 일반적인 직관에 반하지만, 이 상황에서는 직관이 틀렸다. 잘못된 형이상학에 근거하기 때문이다.

제 5 장

정신질환에 관한 논쟁

이번 5장에서는 형이상학적이 아닌 정치적인 문제를 논의할 것이다. 이것은 정의에 관한 이슈다. 의료윤리라는 잔소리꾼이 살펴보고자 하는 것은 현재 정신질환으로 고통받는 사람들에게 영향을 끼치는 법과 정책들의 근거이며, 더 나아가 미흡한 부분을 찾아내는 것이다. 하지만 우선 본질적으로 난해한 부분을 살펴볼 텐데, 이는 우리가 무엇을 정신질환으로 볼 것인가 하는 질문 자체가 정치적·사회적 편견을 품고 있다는 말이다.

1851년 의사 새뮤얼 카트라이트(Samuel Cartwright)는 뉴올리언스 의학 저널에 실은 논문에서 배회증(徘徊症)이라는 정신질환을 다뤘다. 이 질환은 흑인 노예가 걸리며, 백인 주인으로부터 도망가려는 증상을 보인다는 설명이었다.

1952년 『미국 정신장애진단 및 통계편람Diagnostic and Statistical Manual of Mental Disorders』 1판이 출간되었다. 동성애는 정신질환으로 거론되었으며 1968년까지 그 지위는 굳건했다. 1973년 미국 정신의학회(American Psychiatric Association)는 근소한 표차로 동성애를 정신질환 목록에서 제외하기로 했다.

유럽 대부분 지역의 질병분류체계는 국제보건기구가 발간하는 국제질병분류(International Classification of Diseases)를 따른다. 최신판에서는 페티시즘을 정신질환으로 분류하면서 다음과 같이 설명한다. "특정 무생물을 통해 성적 흥분과 만족을 얻으며…… 옷이나 신발 등을 그 대상으로 삼는다"(도판 5). 20년 후에도 페티시즘은 정신질환으로 분류될까? 그것이 과연 맞는 것일까?

동성애의 예는 온전히 동의를 받은 상태에서 사람을 의학적으로 치료하는 정책을 도입하는 것조차도 윤리적으로 문제가 될 수 있음을 보여준다. 두 세대 전, 사람들은 동성애를 자발적으로 '치료'하고자 했으며, 의학으로 성적 지향을 바꿀 수 있다고 했다. 하지만 이제 우리는 의료인이 동성애를 치료한다는 생각이 잘못됐다고 보는 사회에 살고 있다. 동성애의 경우, 질환이 아니라 사회적 태도가 문제였던 것이다. 특히 그러

5. 하이힐.

한 태도는 치료를 규정하는 정책 문헌과 법으로 기록되었을 때 치명적이다. 아무리 자발적인 치료라고 해도 무엇을 정신질환이라고 볼 것인지는 윤리적으로 문제가 될 수 있다.

다른 의학 분과와 달리 정신건강의학과는 환자의 의지에 반한 치료를 강제할 권한을 가지는 경우가 있다. 누군가는 이를 분명히 잘못된 일이라고 비판하지만, 치료를 받지 않은 채 조현병을 앓는 사람의 고통을 보면 그런 말을 쉽사리 할 수 없다. 정신질환을 앓는 사람은 사고가 바뀌어 자신이 아프지 않으며 치료를 받아도 별 도움이 되지 않는다고 생각할 수 있다. 대부분의 자유민주주의 국가에서는 인도적인 이유로 정신건강과 의사가 치료를 강제할 권한을 행사할 수 있는 절차를 마련해놓았다. 물론 배회증의 예가 보여주는 것처럼 이 권한은 남용될 소지가 있으며, 독재정권은 이를 남용하여 정치적 이견을 정신질환으로 진단해왔다.

정신질환이 있는 사람은 자신의 의지에 반하더라도 관련 시설에 수용될 수 있는데, 이는 치료뿐 아니라 타인의 안전을 위한 것이기도 하다. 다시 말하지만 이런 절차는 인도적으로 이뤄진다. 만약에 우리 자신이 누군가에게 공격받고 있다는 망상을 겪는다면, 자신이 정신질환에 걸려 타인에게 폭력을 행사하느니 수용되는 쪽을 택할 것이다. 이런 식의 수용에는 감옥보다 치료감호소가 더 적합한 기관인 것처럼 볼 수 있다.

그러나 이런 절차 또한 남용될 수 있으며 그런 일은 비단 억압적인 사회에서만 발생하는 것도 아니다. 이 장에서는 자유민주주의 사회라 할지라도 정신질환을 앓는 사람이 정책의 결과로 부당한 상황에 이중으로 노출되는 점을 다루고자 한다.

범죄와 정신질환

형법은 주로 누군가가 타인에게 해를 끼친 상황을 다룬다. 영국과 여러 나라의 법에서 한 개인에게 유죄 평결을 내리려면 바로 그 사람이 관련 행위를 저질렀음을 입증해야만 한다. 게다가 그 사람은 해당 행위에 책임을 지는 정신 상태를 가졌어야 한다. 첫째를 **범죄 행위**(actus reus), 둘째를 **범행 의도**(mens rea)라고 한다.

정신질환으로 고통받는 사람이 범죄라고 볼 수 있는 행위를 저질러도 '무죄' 판결을 받을 수 있다. 왜냐하면 그 질환으로 인한 자신의 행위에 책임을 질 수 없기 때문이다. 단순하게 말하자면 그의 신체는 모종의 행위를 저질렀지만, 그의 마음은 범죄를 저지르지 않았다는 것이다.

영국에서의 대표적 사례로는 대니얼 맥노튼(Daniel McNaughten)이 망상에 사로잡힌 경우다. 그는 영국 보수당의 전신인 토리당이 자신을 살해하려는 계획을 세우고 있다는 망상에 사로잡혔다. 맥노튼은 토리당 지도자 로버트 필(Robert Peel)을 살해하기로 계획한다. 1843년 맥노튼은 필의 비서를 저격했지만 두번째 탄환을 발사하지 못하고 저지당했다. 맥노튼은 정신 이상이라는 이유로 살인에 대해 무죄 선고를 받았으며 정신병원으로 보내졌다. 이 사건은 누군가를 정신 이상이라는 이유로 '무죄'라고 판단하기 위한 규칙, 일명 '맥노튼 규칙'을 정하는 것으로 이어졌다.

위험한 사람으로부터 사회 보호하기

정신질환이 없는 사람이 상당히 심각한 폭력 범죄를 저지른다면, 한편으로는 응징을 위해, 다른 한편으로는 사회를 보호하기 위해 그를 감옥으로 보낸다.

형법에는 두 가지 핵심적인 자유 원칙이 포함되어 있다. 그것은 유럽인권보호조약(European Convention on Human Rights)의 일부이기도 하다.

1. (아직) 범죄를 저지르지 않은 사람을 그가 범죄를 저지를 것이라는 이유로 구금할 수 없다.
2. 무기징역이 아니라면, 교도소에 가서 형기를 채운 사람은 다시 사회로 돌아올 수 있어야 한다.

우리는 다음과 같은 상황에서 타인을 보호할 목적으로 누군가를 갇힌 환경(교도소나 치료감호소)에 두는 것을 '예방적 구금'이라 일컫고자 한다. 이를테면, 어떤 사람이 (아직) 폭력 행위를 저지르지 않은 경우, 또는 그런 행위를 이미 저질렀고 그에 상응하는 기간 동안 갇힌 환경에 처한 경우다. 위의 두 가지 자유 원칙은 다음과 같이 고쳐 써볼 수 있을 것이다. "사람을 예방적 차원에서 구금할 수 없다." 그 사람이 타인에게 끼칠 수 있는 위험성에 대한 측정을 바탕으로 수감 기간을 정하는 특별 선고가 있다. 하지만 이러한 선고는 도입된 지 얼마 안 되고 대개 정의롭지 못하다고 여겨진다.

그러나 이런 정책이 지닌 부조리에 대한 인식은 정신질환을 앓는 사람들에게까지 가닿지는 않는다. 만약에 당신이 정신질환으로 폭력 행위를 저질렀다면, 당신은 타인에게 위해를 가한다는 이유로 정신병원에 수용될 수 있다. 수용 기간은 정신질환 진단 없이 비슷한 폭력 행위를 저질러 교도소에 수용된 범죄자보다 더 길 수도 있다. 실제로 당신이 정신질환으로 고통받고 있다면 당신은 폭력 행위를 저지르지 않았다 해도 위험하다는 이유로 수용될 수 있다. 다만 우려스러운 점은 정신질환 진단을 받은 사람과 받지 않은 사람을 불평등하게 대하는 것이다.

물론 타인에게 심각한 위해를 가할 위험성이 있는 사람으로부터 사회를 어떻게 지켜낼 것인지는 공공 정책에서 중요한 이슈다. 여기에서 제시하고자 하는 논증은 일관성에 관한 것이다. 정신질환을 앓는 A와 정신질환이 없는 B가 타인에게 위해를 가할 위험성을 둘 다 똑같이 지니고 있다고 가정해보자. 만약에 A를 예방적으로 구금하는 것이 옳다면(위해를 가할 위험성에 따라) B에게도 그렇게 하는 것이 옳다. 거꾸로 만약에 B를 예방적으로 구금하는 것이 옳지 않다면(현재 유럽의 법처럼) A를 구금하는 것도 옳지 않다. 그런 경우가 아니라면 정신질환을 앓는 사람을 차별하는 것이다.

이런 명백한 차별을 정당화할 수 있는 이유가 있을까? 네 가지를 생각해보았다. 하지만 어느 것도 예방적 구금에서 달리 접근해야 할 이유를 정당화하지는 못한다.

1. 정신질환을 앓는 사람이 더 위험하다.
2. 타인에게 위해를 가할 위험성 평가에서 정신질환을 앓는 사람의 결과가 더 정확하다.
3. 병원에 오래 구금하는 것이 정신질환의 개선으로 이어질 수 있으며, 따라서 타인에게 위해를 가할 가능성을 줄일 수 있다. 병원에 더 길게 있는 것이 위험을 줄일 수 있는 경우에 치료감호소로부터 환자를 풀어주는 것은 잘못이다.
4. 같은 사람이 정신질환을 앓고 있을 때와 치료했을 때, 원

하는 것이 각각 다를 수 있다. 보통 정신질환을 앓고 있어서 예방적으로 구금되는 환자는 만성 질환을 앓고 있는 경우다. 이 때문에 그들은 타인에게 위해를 가할 위험성을 계속 지니는 것이며, 따라서 계속 구금되어 있어야 한다. 최소한 이론상으로는 아픈 사람이 원하는 것과 그 사람이 나았을 때 원하는 것은 구분될 수 있다. 또한 그의 '진정한' 소망이란 그가 나았을 때 가지는 소망이며, 그가 계속 아파서 타인에게 위해를 가할 수 있는 경우에 그의 진정한 소망은 예방적 구금 상태로 있는 것이라고 말하는 것이 합리적이다. 치료된 상태에서 지닐 진정한 소망과 자율성을 존중하는 것은 그가 병을 앓고 있을 때(그리하여 위험할 때) 자신을 예방적으로 구금하는 것을 의미한다.

이 네 가지 이유를 하나씩 따져보자.

첫째 이유는 적절치 않다. 여기서 고려하고 있는 상황에서 두 사람, 즉 정신질환자로 진단받은 사람과 그렇지 않은 사람은 타인에게 해를 끼칠 위험성이 같다. 실제로 영국의 법은 정신질환자로 진단받지 않았지만 위험성을 지닌 사람의 예방적 구금을 어떤 상황에서도 허용하지 않는다.

둘째 이유가 만약에 사실이라면 다른 식으로 접근한 경우 설득력이 약한 근거가 될 수 있겠지만, 사실에 부합하지 않는다. 타인에게 해를 끼칠 위험성을 평가하기란 무척 어려우며, 그것은 정신질환이 있든 없든 마찬가지다. 근본적으로 논란이 되는 것은 해를 끼칠 위험성을 이유로 누군가를 예방적으로 구금하는 것이 정당한가 하는 문제이다. 위험성 평가가 불확실할 경우 판단의 기준점을 바꿀 수는 있지만 예방적 구금과 관련한 원칙을 바꿀 수는 없다.

셋째 이유에는 정신질환을 앓고 있는 사람과 그렇지 않은 사람을 달리 대우할 근거가 없다. 정신질환이 있든 없든, 구금된 사람의 구금 기간이 늘어날수록 타인에게 해를 끼칠 위험성이 낮아질 수도 있다. 만약에 정신질환을 앓는 사람을 예방적으로 구금하는 이유로 위험성이 꾸준히 감소했다는 점을 내세운다면, 그것은 정신질환이 없는 사람 또한 예방적으로 구금할 이유가 된다.

넷째 이유는 가장 좋은 논증이지만 역시나 설득력이 없다. 정신질환을 앓고 있는 사람이 원하는 것과 다 나았을 때 원하는 것을 구분하는 일은 그 사람이 나았을 때의 견해가 분명할 경우에 가능하다. 그러나 정신질환을 앓고 있고 폭력을 행사하는 사람의 다수는 만성 정신질환이나 인격 장애를 지니고 있다. 질환을 가진 경우와 가지지 않은 경우 모두에서 그들의 '진정한' 소망이 무엇인지를 나타내는 증거를 찾을 수 없다. 게다가 그 사람이 자유를 크게 제한당한 구금 상태의 삶을 원한다고 볼 근거도 없다. 자율성을 존중한다는 이유로 증거 없이 누군가를 구금하는 것은 매우 우려스러운 일이다.

결론적으로 말하자면, 만약에 사회 구성원 대다수가 타인에서 해를 끼칠 일정한 수준의 위험성을 지녔고 정신질환을 앓는 사람을 예방적으로 구금하는 것이 옳다고 생각한다면, 이를 정신질환을 앓고 있지 않은 사람에게도 똑같이 적용해야 한다. 반대로 예방적 구금이 정신질환이 없는 사람에게 받아들일 수 없는 인권 침해라면, 정신질환이 있는 사람에게도 마찬가지로 받아들일 수 없는 인권 침해이다. 여기서 어떻게 해야 할지는 생각해볼 과제로 남겨둘 것이다. 우리가 강조하고자 하는 바는 현재 상황이 비일관적이며 부당하므로 지지할 수 없다는 것이다. 따라서 정책을 바꿔야 한다.

정신질환을 앓는 사람을 위해 치료를 강제하기

앞에서 다룬 이중적 부당함이란, 타인을 보호하려는 방안에서 정신질환을 앓는 사람이 차별받는다는 것일 뿐 아니라 정신질환자 본인을 보호하는 데서도 차별받는다는 것을 의미한다. 의료윤리와 법에서 오랫동안 견지해온 한 가지 원칙이 있는데, 아프지만 결정을 내릴 수 있는 정신 능력을 지닌 사람은, 생명을 구할 수 있을 뿐 아니라 도움이 되는 치료를 거부할 수 있다는 것이다. 유명한 예로, 여호와의증인 신도가 죽음을 각오하고 수혈을 거부하는 것이다. 이 원칙은 신체 질환의 치료에 적용된다. 그러나 영국 등 여러 나라에서 정신질환에는 이 원칙을 적용하지 않는다. 예를 들어 영국 정신건강법(English Mental Health Act)은 정신질환을 앓는 사람이 동의하기를 거부할 정신 능력을 유지하고 있다 해도 그의 동의 여부와 상관없이 정신질환을 치료할 수 있도록 규정하고 있다. 만에 하나 정신질환을 앓고 있는 사람이 그 정신질환으로 인해 치료를 거부할 인지적 능력이 없다면 또 모를 일이지만, 그런 경우조차도 아니다. 정신질환을 앓는 사람 중에는 의사결정 능력을 잃은 사람도 있지만, 잃지 않은 사람도 있다. 치료를 거부할 능력이 있는 사람에게 연명 치료를 하는 것은 옳을 수도, 옳지 않을 수도 있다. 하지만 정신질환을 앓고 있는지 여부에 따라 이미 내린 결정을 바꾸는 것은 옳지 않다. 다시 말하지만 그렇게 하는 것은 정신질환을 앓고 있는 사람에 대한 차별이다. 이런 점을 고려하여 정책을 바꿔야 한다.

제 6 장

조력자 돕기

앞의 4장과 5장에서 의료윤리학자가 문제를 일으키는 집단이라는 인상을 받았을지도 모른다. 논증을 선택하고, 비일관성을 지적하며, 특정 단어에 덤비는 의료윤리학자가 보건의료 전문가나 정책입안자에게 긍정적인 인상을 주기가 어려울 수도 있다. 현 상태의 비판자, 잔소리꾼이 유용할 수도 있다는 것을 마지못해 수용하지만, 이들이 병동에서 환영받을 수는 없다고 생각할 수도 있다. 결국 최초의 철학자이자 잔소리꾼이었던 소크라테스는 아테네 정부에 의해 사형 선고를 받지 않았는가.

이번 6장과 7장에서는 의료윤리의 다른 역할을 보게 될 것이다. 괴로워하는 보건의료인과 혼란스러워하는 정책입안자를 지원하는 일. 최근 몇 년 동안 **근거기반의학**(evidence-based medicine)이 해온 역할과 유사하다. 근거기반의학의 요건은 의사와 의학 연구자에게 임상적 의사결정에 기반하고 이를 정당화하기 위한 명확한 증거를 제시하라고 요구하는 것을 의미한다. 물론 그러한 요건 덕분에 현 상태에 머무르지 않고 계속 발전해올 수 있었지만, 의료인에게 과학적으로 타당한 증거를 평가할 기준을 명확히 하고 그런 증거를 모을 수 있도록 의료인들을 도운 측면도 있다. 그렇지만 여러 임상적 상황들 중에는 과학적으로 타당한 결정을 확실하게 내릴 수 없는 경우도 많다. 어떤 치료는 다른 치료에 비해 모종의 장점이 있지만, 명확한 단점도 가지고 있을 수 있다. 게다가 큰 규모의 임상 시험을 거쳤다 해도 특정 환자가 주어진 치료에 어떻게 반응할지 예측하기 어려울 때도 있다. 단 하나의 옳고 최선인 치료는 존재하지 않는다. 하지만 바람직한 임상가는 관련 이슈와 근거를 합리적으로 고려하여 어떤 쪽으로든 의사결정을 해야 한다. 또한 이미 내린 의사결정을 올바르게 정당화할 수도 있어야 한다. 이런 상황에서 임상가는 약리학이나 생리학 또는 근거 평가에서 지닌 전문성을 활용하여 도움을 받을 수도 있다. 임상가 스스로 전문성을 가지고 있을 수도 있고, 전문성을 지닌 타인에게 조언과 지원을 청할 수도 있다.

보건의료의 경우에는 과학적 측면에서 행동하는 방식을 윤리적 측면에도 똑같이 적용할 수 있다. 상황이 윤리적으로 복잡하고 환자 돌봄의 여러 접근법을 지지할 윤리적 근거가 필요할 때, 올바른 보건의료 전문가는 적절한 고려 속에 의사결정을 하길 원할 것이다. 의료윤리에 대한 전문성이 이때 필요할 것이다. 그들 스스로 전문성을 지닐 수도 있고, 그런 전문성을 지닌 타인에게 지원을 청할 수도 있다. 이를테면 다른 보건의료 종사자나 의료윤리학자와 같이, 보건의료의 윤리적 측면에 대해 특별한 훈련을 거친 사람들의 도움을 받을 수 있다.

이 장에서는 윤리적 지원을 통해 윤리적 이해와 좋은 돌봄 행위를 가져오는 방법을 다룰 것이다. 의료 환경 바깥의 맥락에서 예시를 들자면, 요양원에서 치매를 앓는 사람을 돌보는 일상은 윤리학자가 보기에 일반적인 환경은 아닐 것이다. 이러한 예시는 의도적으로 선택한 것인데, 더 많은 사람이 고령까지 생존하며 세계적으로 치매(연령이 늘어날수록 발병률이 높아지는 증상)가 점점 흔해지고 있기 때문이다. 치매가 있는 사람을 어떻게 돌볼 것인가, 그리고 그들을 매일 돌보는 과정에서 제기되는 윤리적 문제를 어떻게 극복할 것인가 하는 질문에 시급히 답해야 한다. 의료윤리는 질환과 질병의 결과로 보건의료 종사자에게 제기되는 윤리적 이슈 전체를 포괄해야 한다. 실제로 의사와 여타 의료 전문가는 만성 질환을 앓는 사람을 돌보는 모든 측면에 점차 관여하고 있다. 치매를 앓는 사람들에게 보건의료를 제공하는 일 또한 극히 일부일 뿐이며, 여기에만 집중하면 돌봄에서 고군분투하고 있는 사람들의 일반적이고 일상적인 노력을 바라보지 못할 위험이 있다.

당직을 서는 의료윤리학자

일부 병원, 특히 미국의 병원에서 윤리 지원을 제공하는 일은 전문화된 활동이 되어가고 있다. 보건의료 공급자에게 고용된 의료윤리 상담가는 환자 돌봄에서 발생하는 윤리적 문제를 상담하기 위해 당직을 선다. 영국에서 의료윤리학자는 전문가로서 고용되는 경우는 거의 없으며 대신에 의료 및 돌봄 환경에서 꾸려지는 임상윤리 위원회나 자문단의 일원으로 일한다. 이런 위원회는 다양한 직군의 돌봄 전문가로 구성되며, 병원이나 지역사회에서 제기되는 윤리적 문제를 둘러싼 사례들을 논의한다.

현대 보건의료 행위에서 각기 다른 학문을 전공한 구성원으로 이뤄진 팀(multi-disciplinary team)은 환자를 돌보기 위한 최적 환경을 만드는 데 필수적이다. 또한 윤리 문제를 공유하고 풀어나가기 위한 환경을 제공하는 중심 역할을 하기도 한다. 팀 구성원 간에 나타나는 상반되는 의견을 확인하고 윤리적으로 탄탄한 의사결정을 수행하는 과정에서 여러 가지 문제들을 풀어나간다. 하지만 때로는 구성원들 사이에서 상당한 견해차가 발생하여 윤리적으로 옳은 의사결정에 합의하기가 거의 불가능할 수도 있다. 의사결정이 무척 중요하거나 심각한 지경에 이를 때도 있는데, 이런 상황에서 의료윤리학자가 팀 회의나 병동 회진에 참여하여 윤리적 조언을 제시할 수도 있다. 윤리학자가 임상적 의사결정을 내리는 팀의 일원이 되는 것이다. 다음으로 한 요양병원에서 일어난 상황을 살펴보자.

양귀비꽃을 단 양심적 병역거부자의 사례

요양병원 직원인 앤이 눈앞에서 벌어진 상황을 다음과 같이 설명했다.

양차 세계대전과 그후의 분쟁에서 영국 및 영연방 군인의 희생을 기념하는 11월의 전사자 추도일이 다가올 즈음이었어요. 퇴역군인 한 분이 양귀비꽃을 팔러 요양병원을 방문하셨죠. 아시겠지만 전통적으로 추도일을 기념하기 위해 옷깃에 다는 꽃이랍니다(도판 6). 양귀비꽃을 요양병원에 머물고 있는 분들께 나눠드렸어요. 직원들은 일요일 아침 전사자 추도일 방송을 함께 시청하기 위해 사람들을 중앙 라운지로 모두 모으기로 했지요.

요양병원 사람들 가운데 세 분이 참전을 했었기에 이 행사를 모두가 환영하리라 생각했던 겁니다.
하지만 금요일 아침에 참전 군인 중 한 명인 앤드루스의 딸이 방문해서, 아버지 옷깃에 양귀비꽃이 달려 있는 걸 보고 충격을 받았어요. 딸은 저에게 아버지가 평생 양심적 병역거부자로 살았다고 말해주었습니다. 치매에 걸리기 전, 나중에 자신이 요양병원에서 양귀비꽃을 달고 전사자 추도일 행사를 지켜보게 되리라는 걸 알았다면 엄청난 모욕감을 느꼈을 거라고도 말해줬어요.
저는 앤드루스의 양귀비꽃을 떼고 다른 직원들한테 앤드루스는 일요일 행사에 참석하지 않을 거라고 말해두었습니다. 그게 앤드루스를 존중하는 방식이라고 생각했거든요.
그러나 일요일 아침에 다른 직원이 앤드루스에게 새로 양귀비꽃을 달아주고는 전사자 추도일 행사 관람에 참석하도록 이끌었어요. 뒤늦게 상황을 알아차린 저는 앤드루스의 옷깃에 달린 양귀비꽃을 떼고 라운지에서 그를 데리고 나왔습니다. 앤드루스는 화가 났어요. 그는 저에게서 양귀비꽃을 빼앗아 라운지로 다시 돌아가려 했지요.
다른 직원들은 제가 잘못했다고 말했어요. 앤드루스에게 고통을 준 건 잘못이라는 거지요. 그날 이후로 제가 잘못된 행동을 한 것 같아 마음이 복잡해 잠을 제대로 잘 수가 없어요.

6. 추도의 양귀비꽃.

이 사례는 치매에 걸린 사람을 돌보는 일에서 흔히 발생하는 윤리적 문제를 잘 보여준다. 어떤 사람의 이전 선호와 가치가 현재의 이익과 충돌할 때, 둘 사이에서 어떻게 균형을 이룰 것인가? 이 이슈는 상황에 따라 다른 형태를 띨 수 있다. 이를테면, 과거에 채식주의자였던 치매 환자의 신념을 존중할 것인가? 치매에 걸린 두 남자가 상호 합의하에 성적 접촉을 하는 걸 막는 것은 윤리적으로 옳은가? 두 남자는 이성애자였지만 현재의 성 접촉으로 둘 다 즐거움을 느끼는 상황이라면 어떠한가? 치매에 걸린 사람을 일상적으로 돌보는 과정에서 발생하는 윤리 문제의 예시를 글상자 9에 추가로 제시했다.

위와 같은 상황을 위해 구성된 윤리 지원 회의에서 여러 사안이 논의되었다.

사안 1: 앤드루스는 어디까지 치매 발병 전과 같은 사람인가?

앤이 그간 있었던 일을 설명하자, 직원 대부분이 그가 느낀 모호함을 공유하고 있다는 사실이 분명하게 드러났다. 간병인인 스티브는 앤드루스가 양심적 병역거부자로서 견지해온 가치관을 더는 의식하지 못하기 때문에 그는 이제 그런 것과 관련이 없다고 주장했다. 사람들은 평생 변화하며, 가치관이란 스스로 그것을 계속 의식할 때에만 연관성을 지닌다고 스티브는 생각한다. 그의 주장에 따르면, 치매는 앤드루스의 가치관을 바꿨으며 그가 이전에 품은 양심적 병역거부자로서의 가치관은 이제 앤드루스와 무관하다.

앤은 양심적 병역거부자로서의 가치관이 더이상 그와는 무관하다고 하는 것은 옳지 않다고 답했다. 자신이 그런 가치관을 견지해왔다는 사실을 의식하지 못한다고 해서 그 가치가 무의미해지는 것은 아니다. 이 경우는 앤드루스가 자신의 마음을 바꾸지 않았기 때문이다. 스티브는 앤드루스가 마음을 바꾸지는 않았지만 치매가 앤드루스를 바꿔놓았다는 이유로 현재의 앤드루스는 양심적 병역거부자가 아니라고 결론지었다. 앤은 동의하지 않는다. 치매가 진행되면서 앤드루스가 많이 변하긴 했지만, '앤드루스를 아는 모두에게 앤드루스는 그간 알고 있던 앤드루스다. 우리가 돌보는 사람은 여전히 같은 그 사람이다'.

이 논의는 개인의 인지 기능에 이상이 생겼을 때 개인의 정체성을 어떻게 이해할 것인가 하는 무척 난해한 철학적 질문을 다룬다. 이 점에서 의료윤리학자는 이 논의와 관련된 개인 정체성에 대해 두 가지 설명을 간략히 제시한다(글상자 10 참조). 스티브의 견해는 '심리적 연속성론'(psychological continuity account)에 가까워 보인다. 그에게 이전의 앤드루스가 지녔던 가치관에 따라 결정을 내리는 것은 현재의 앤드루스를 부정하고 그가 마치 다른 사람인 것처럼 대해야 한다는

9. 치매에 걸린 사람을 돌보는 과정에서 발생하는 윤리 문제

자유와 위험 사이의 균형 잡기

치매에 걸린 사람은 여러 면에서 위험에 처할 수 있다. 돌아다니다 길을 잃거나 교통사고를 당하거나 저체온증에 걸릴 수도 있다. 잘못 보관한 음식을 먹거나 전기 장치를 잘못 사용해 위험해질 수도 있다. 이들의 자유를 제한(집에 가두기)하거나 감시 장치를 사용하는 것은 어느 정도까지 허용될까? 아니면 위험을 최소화하기 위해 요양병원으로 보내야 할까?

여러 사람의 이익 가운데서 균형 잡기

한 사람의 자유를 허용하는 것은 다른 거주자나 환자의 이익에 영향을 끼칠 수 있다. 어떤 사람은 진정제를 놓지 않으면 거의 항상 소리를 친다. 어떤 사람은 다른 사람의 방에 들어간다. 다른 사람을 위해 자유를 제한하거나 진정제를 놓는 것은 어디까지 허용될까?

속이는 행위

치매에 걸린 사람이 어떤 약도 먹지 않겠다면서 모조리 뱉거나 아예 입에도 대지 않는 경우가 종종 있다. 음식에 숨겨서 몰래 약을 먹이는 것은 정당한 행위인가? 당뇨나 심장 약, 밤에 다른 사람의 수면을 방해하지 않기 위한 수면제를 몰래 타는 행위는 어떠한가?

거짓말

치매에 걸린 사람은 남편이 죽은 사실을 잊어버리고 그가 어디 있는지 계속 묻곤 한다. 그가 죽었다고 말하면 무척 화를 낸다. 돌보는 사람은 항상 또는 자주 그에게 남편이 이미 죽었다고 말해야 할까, 아니면 어차피 곧 잊을 테니 '선의의 거짓말'로 "한두 시간 지나면 남편 분이 돌아오실 거예요"와 같은 말을 해야 할까?

것이다.

앤의 생각은 '상황에 체화된 행위자론'(situated-embodied-agent account)과 맞닿아 있다. 앤의 관점에서는 앤드루스의 정체성이 바뀌지 않았다. 물론 자신이 양심적 병역거부자였다는 사실을 더는 기억하지 못하지만 그가 이를 부정한 적도 없다. 그는 단지 그런 견해를 표현할 수 있는 인지 능력을 상실한 것뿐이다. 앤의 경우에 앤드루스를 존중한다는 것은 치매 이전 삶의 각별한 요소와 특히 그가 중요하게 여겼던 가치를 존중하는 것이다.

사안 2: 앤드루스가 이전과 같은 사람이 아니라고 할 때, 이것이 돌봄에 영향을 끼쳐야 할까?

논의가 진전되자 간병인 사이먼은 앤드루스가 가끔 치매 이전의 삶을 기억하며 과거를 회상하는 것을 즐긴다고 말했다. 사이먼은 이 사실을 매우 중요하게 여긴다. 반면에 앤은 심리적 연

10. 개인 정체성의 두 개념

개인 정체성의 개념에 대해서는 다양한 철학적 설명이 있다. 치매 돌봄 환경에서는 두 가지의 정체성 개념이 가장 연관성이 높다.

1. 심리적 연속성론

여기에서 같은 사람이란 기억, 의도, 생각, 믿음, 정서 상태, 경향성 등 각자의 심리적 특성을 유지하면서 존재하는 것을 의미한다. 이 관점에서 개인 정체성이란 시간에 따라 각자의 심리 특성에 얼마나 연결되어 있는지의 정도에 달려 있다. 이 관점을 적용하면 시간에 따라 우리는 심리적으로 달라지며, 따라서 우리의 정체성은 어느 정도 변한다. 극단적으로 '나는 평생 같은 사람이고 너는 완전히 분리된 사람이다'라고 생각하는 것이 아니라, 정체성을 정도의 문제로 본다. 나는 어느 정도만 16살 때의 나와 같은 사람이지 그 이상은 아니다.

이 개념은 다음과 같은 사고 실험(여러 공상과학 소설과 영화에서 다뤄지는)을 통해 잘 이해할 수 있다. A와 B, 두 사람이 있다. 어느 날 아침, 세상이 이상하게 변했다. A처럼 생긴 사람, 즉 A의 신체를 가진 사람은 B의 기억, 생각, 개성 등 모든 심리적 특징을 지니고 있다. B에게도 반대의 일이(B의 신체에 A의 심리 상태) 벌어진다. A의 몸을 가진 사람은 아침에 일어나 자신이 B라고 생각하며 거울을 보고 놀란다. B의 몸을 가진 사람도 마찬가지로 자신이 (적어도 거울을 보기 전까지는) A라고 생각한다. 이제 질문 시간이다. 어제의 A와 같은 사람은 누구인가? 대다수는 직관적으로 A와 같은 심리 상태를 가진 사람이 동일인이라고 대답한다. 그가 B의 몸 '안'

에 있다고 해도 말이다. 이것이 개인 정체성의 심리적 연속성론을 이끄는 직관이다.

데릭 파핏(Derek Pafit)은 심리적 연속성론을 철저히 탐구했는데, 그는 이 관점이 사람에 관해 가지는 상식과 충돌한다는 것을 알게 되었다. 하지만 이 관점이 삶을 바라보는 일반적 관점으로부터 우리를 자유롭게 하여 좋은 결과로 이어질 것으로 내다봤다. 데릭의 유려한 묘사를 보자.

> 내 삶은 유리 터널과 같다. 터널을 통해 나는 점점 빨리 이동하며, 그 끝에는 죽음이 있다.…… 관점을 바꾸었더니 유리 터널의 벽이 사라졌다. 나는 이제 열린 공기를 들이마신다. 여전히 내 삶과 다른 사람의 삶에는 차이가 있다. 하지만 그 차이는 더 작아졌다. 다른 사람들이 이제 더 가깝게 느껴진다. 나는 나의 삶에 대한 관심을 줄이고 타인의 삶에 더 신경쓰게 되었다.

이 관점이 함의하는 바는, 치매 돌봄과 관련하여 기억 상실과 인지 손상에 따른 변화, 그리고 치매로 나타나는 인격의 변화를 고려하면 치매에 걸린 사람을 치매에 걸리기 전의 그 사람과 다른 사람으로 판단해야 한다는 것이다.

2. 상황에 체화된 행위자론

철학자이자 의사인 줄리언 휴즈(Julian Hughes)가 '상황에 체화된 행위자론'을 적극적으로 옹호하는데, 이는 사람의 삶을 다른 사람과의 관계에서 사는 것으로 이해하며 이것이야말로 개인 정체성의 주된 결정 요소라는 것이다. 한 사람의 정체성과 신체를 연결하는 각자의 삶의 서사이자 그 사람이 스스로 구축한 존재의 세부가 중요하며, 그것은 시간에 따라 개인이 다른 사람과 함께 쌓아나간 것이다.
이 관점은 치매 돌봄에서 치매의 발병이 개인 정체성에 상대적으로 별 영향을 끼치지 않는 것으로 본다. 같은 신체에 존재하는 사람은 그 삶에 의미를 부여하는 여러 사람과의 관계 속에 있다. 개인 정체성은 치매가 진행되더라도 남으며, 증세는 단지 우리와 다른 사람이 이야기하는 서사에 합체될 삶의 한 측면일 뿐이다.

속성론이 이론적으로 옳다 해도, 이는 사전돌봄계획(advanced care planning)을 기반으로 한 기존의 좋은 정책들에 반하는 것이라고 본다. 좋은 돌봄에 관한 일반적 생각이 바뀌지 않는 한, 심리적 연속성론을 행위의 지침으로 삼기는 어렵다는 것이다.

다음과 같은 두 가지 근거는 앤드루스가 치매 이전과 같은 사람이라는 논증을 찬성하는 이유를 잘 보여준다.

첫째, 앤드루스가 치매 이전의 삶을 기억하고 자기 삶의 모습을 옹호한다면, 인격에 관한 심리적 연속성론을 따른다 해도 그는 여전히 이전과 상당히 비슷한 사람이다.

둘째, 지난날의 가치관과 무관할 정도로 현재의 앤드루스가 과거의 앤드루스와 다른 사람이라는 것은 사전돌봄계획에 관한 현재의 견해나 다수의 확립된 법, 관례와 충돌한다. 영국, 미국 등 여러 나라의 법에서는 개인이 스스로 결정을 내릴 수 있는 인지 능력을 상실한 경우, 이전에 지녔던 소망, 가치관, 지향을 고려할 것을 요구한다. 물론 이러한 법과 관례가 틀렸을 수도 있다. 하지만 현재의 앤드루스를 치매 이전의 앤드루스와 다른 사람이라고 여길 때 생기는 문제가 있는데, 이전의 앤드루스가 쌓아놓은 것을 사용해 현재의 앤드루스의 삶을 편안하게 만드는 것은 잘못이라는 것이다.

이 논의에서는 치매 이전과 현재의 앤드루스가 같은 사람이라는 논증이 더 타당하므로 앤드루스가 지난날 지녔던 양심적 병역거부자로서의 가치관은 유효하다는 것으로 결론을 지었다. 따라서 앤의 행위는 정당하다. 하지만 논의를 거듭하다가 또다른 사안이 제기되었다. 앤드루스가 양심적 병역거부자로서 지닌 가치관이 현재의 선호와 웰빙에 영향을 끼치는 정도는 어디까지여야 하는가?

사안 3: 앤드루스의 현재의 웰빙을 그가 지닌 이전의 소망보다 우선시해야 하는가?

앤은 긴 세월에 걸쳐 형성된 가치관이 각 개인에게 고유성을 부여하며, 따라서 치매에 걸린 경우 주요 결정을 내릴 때에는 그

가치관에 높은 비중을 부여해야 한다고 주장했다. 이는 누구나 자신의 삶 전체를 통제하는 방법이며, 치매에 걸려 간단한 결정을 내리기조차 어려울 때도 이는 똑같이 적용된다는 것이다. 간병인 메리는 만약에 그 사안이 통제에 관한 것이라면 앤드루스는 양귀비꽃을 달고 라운지에 남아 있어야 했다고 대답했다. 상황에 끼어든 앤이 그를 통제한 것 아닌가?

이 논의는 **통제**에서 **웰빙**으로 옮겨갔다.

직원들은 앤의 행위가 앤드루스의 웰빙을 전반적으로 증진시켰는지를 생각해보았다. 이 지점에서 의료윤리학자가 개입하면서 웰빙이라는 개념의 의미가 중요하다고 말했다. 그는 웰빙을 증진시키려는 목적에서 이전의 가치관에 우선권을 두려는 사람은 웰빙의 증진이 때로 누군가에게 고통을 일부러 안겨야 할 때가 있음을 받아들여야 한다고 말했다. 직원 모두는 이 결론을 수용하기 어렵다고 말했다. 만약에 웰빙의 극대화가 윤리적으로 우선권을 지닌다면 앤드루스가 양귀비꽃을 달고 라운지에 남아 있도록 하는 것이 옳았다. 이 결론으로 인해 사람들의 관심은 앤드루스의 이전 가치관을 존중하는 것에 비중을 얼마나 부여할지로 다시 쏠렸다.

이때 스티브가 새로운 논증을 제시했다. 앤드루스가 치매에 걸렸다는 사실 때문에 우리가 그의 현재 소망을 무시하거나, 그가 치매로 인해 소망하는 것 자체가 불가능하다고 여겨서는 안 된다는 것이다. 양귀비꽃을 챙기며 라운지에 남아 있으려고 한 행동을 통해 앤드루스는 현재의 소망을 분명히 표현했다. 현재의 웰빙과 부딪히는 과거의 가치관 및 소망 사이에서 어떻게 균형을 잡을 것인가에 더하여, 현재의 소망과 부딪히는 과거의 소망 사이에서 어떻게 균형을 잡을 것인가도 고려해야 한다고 스티브는 생각한다. 그는 '앤드루스는 충분히 생각하지는 못하더라도 현재 중요하게 생각하는 선호에 따라 행동할 수 있는 권리가 있다'는 식으로 결론지었다.

결국 이 논의는 앤드루스가 치매 이전에 지닌 가치관을 존중하는 것보다 행동으로 표출된 그의 현재 소망을 존중하여 고통을 최소화하는 일에 더 큰 비중을 두기로 결론지었다. 이 결론은 비록 앤의 행위에는 동의하지 않는 것이지만, 앤의 행위의 관한 여러 가지 이유를 중요하게 다뤘기에 앤은 이 논의에서 위안을 받았다고 느꼈다. 이 논의는 추가적으로 두 가지의 실천적 결정으로 이어졌다. 첫째는 두 직원이 그간 벌어진 상황과 논의 결과를 앤드루스의 딸에게 전달하기로 했다. 둘째는 이 사건을 통해 요양병원 이용자의 이전 가치관을 병원 직원에게 전달하는 효과적인 소통 방식, 그리고 그것을 어떻게, 얼마나 존중할 것인지 논의할 체계가 없다는 사실이 드러났기에 적절한 체계를 마련하기로 했다.

이 논의 내용에 대해서는 다양한 의견이 있겠지만, 위와 같이 결론을 내린 것처럼 앤의 행동을 지지할 타당한 이유가 존재한다. 윤리적 논증은 과학 증거에서처럼 누군가가 어떤 결론에 도달하고 다른 사람은 별도의 결론에 도달하는 일을 허용한다. 마지막에는 반드시 판단을 내려야 한다. 그러나 보건의료 전문가와 여타 종사자들이 결정을 내릴 때는 핵심 사안을 적절히 고려하는 것이 중요하다. 또한 전문가가 내린 결정과 그에 따라 취해진 행동에 관해 합리적 정당화를 요구함으로써 해당 사안이 설명될 수 있도록 해야 한다.

사례 비교 활용하기

결정과 그 이유를 검토하는 데 사례 비교가 유용하다는 점은 이미 알아챘을 것이다. 여기에 몇 가지 예시가 있다. 가능하다면 다른 사례를 직접 추가해도 좋다.

1. 위의 사례와 거의 같지만 앤드루스가 치매 발병 초기에 만약 자신이 요양원에 들어가게 된다면 자신의 양심적 병역거부가 온전히 존중되길 바란다는 의견서를 작성한 경우.

2. 치매에 걸린 남성이 요양원에 들어갈 때 가족이 그가 이전에 채식주의자였기 때문에 고기 음식을 주면 안 된다고 강조한 경우.

간병인은 식사 때 채소만 제공했다. 하지만 아침 식사 때 대다수 사람들에게 '영국 전통의 아침 식사'가 제공되자 그는 다른 사람의 접시에 놓인 베이컨과 소시지를 먹고 무척 만족스러워했다.

그렇다면 직원은 어떻게 해야 할까? 그가 어떤 이유로 채식주의자의 가치관을 지녔는지에 따라 차이가 날까? 예를 들어, 그의 선택이 동물 복지를 위한 윤리적 판단이거나, 종교적 믿음에 대한 헌신 때문이거나, 아니면 단지 기호 때문이라면, 각각의 경우에 차이가 있을까?

3. 60년 가까이 행복한 결혼 생활을 해온 어떤 여성이 남편이 죽고 치매에 걸려 요양원에서 지내고 있다. 그는 요양원에서 생활하는 다른 남성과 때로 성관계를 갖는다. 이 여성의 아들은 그 사실을 알게 되자 직원에게 관계의 진전과 신체적 접촉을 막아달라고 요청했다. "저희 어머니는 아버지 외의 다른 사람과 이런 식으로 지낼 수 있다는 것을 생각만 해도 끔찍하게 여겼을 겁니다." 직원이 개입하여 새로운 관계가 진전되는 것을 막고 두 사람을 떨어뜨려놓아야 하는가?

때로 성적 접촉이 동성 사이에서 이뤄지기도 한다. 두 사람이 평생 이성애자였으며 이전에 동성에 대한 성적 선호를 표출한 적이 없었는데도 그렇다. 상황이 이렇다면 간병인의 행동이 달라져야 할까? 이 상황이 첫째 상황과 윤리적으로 차이가 있다고 생각한다면, 성적 정체성(한 개인을 이성애자, 동성애자, 양성애자 등으로 정의하는 것)은 그가 누구인지 알려주는 개인 정체성의 핵심 요소이기 때문에 그것이 일관된 성적 선호에 따른 성별의 사람과 뜻밖의 성행위를 하는 선택보다 훨씬 중요하다고 보는 것이다.

제 7 장

공정한 절차 확립하기

1997년 1월 토니 불리모어(Tony Bullimore)는 방데 글로브(1인승 요트로 벌이는 항해 경기)에 참여해 세계 일주를 하려고 했다. 토니가 호주 해안에서 2400킬로미터 떨어진 남극해에 이르러 위험과 추위를 마주한 그때, 그의 배가 폭풍으로 인해 뒤집혔다. 그는 나흘 동안 선체 밑에 갇혀 있다가 호주 방위군의 대대적인 작전을 통해 구조되었다(도판 7). 사회는 토니 불리모어를 구하기 위해서 얼마나 큰 비용을 댈 수 있을까? '얼마가 들든지'가 답인가, 아니면 제한을 두어야 하는가?

좀더 근본적인 질문을 생각해보자. 인간 생명의 값은 얼마인가? 이 질문은 불편하지만, 역설적으로 이 질문을 회피하면 오히려 생명을 잃게 되는 상황이 벌어질 수 있다. 부족한 의료 자원을 분배하는 방식을 사회가 결정하는 것은 근본적인 질문이 바탕이 깔린 상황 중 하나다.

전 세계의 어떤 보건의료체계도 모든 상황에서 모든 환자에게 최고의 치료를 제공할 만큼 충분한 재원을 확보하고 있지는 않다. 그런 큰 비용을 보건의료에 들이기는 어렵다. 새롭고 더 나은, 값비싼 치료법이 계속 개발되고 있다. 추가 비용만큼 추가 이익이 창출되는 때는 언제일까? 미국과 같은 사영의료체계와 보험기반체계의 혼합, 영국 국민의료보험과 같은 공적부조체계를 포함한 모든 보건의료체계는 이 질문에 답해야만 한다. 최고의 치료를 항상 제공할 수는 없으므로 교환이 이뤄져야 하며, 보건의료는 '할당'될 수밖에 없다. 완전히 사영으로 운영되는 체계에서조차 보건의료는 할당된다. 그것은 각자의 지불 능력에 따르며, 이는 가장 불평등한 방식일 것이다. 이번 7장에서 우리가 주장하고자 하는 바는, 의료윤리는 보건의료 자원 분배에서 정책입안자를 위한 실천적 도움을 줄 수 있으며 실제로 이미 주고 있다는 것이다.

자원 분배 그리고 비교할 수 없는 가치

특정 인구를 상대로 하는 보건의료 서비스를 운영하고 있다고 가정해보자. 예산이 한정되어 있다. 예산 대부분을 어디

SAVED
TONY BULLIMORE
The extraordinary tale of survival and rescue in the Southern Ocean
'A terrific story'
GEOFFREY MOORHOUSE
Daily Telegraph

7. 잡지 〈세이브드〉의 표지.

에 쓸 것인지는 이미 정해졌고, 수십 만 파운드 정도의 예산이 아직 배정되지 않았다. 새로 개발된 세 가지의 치료법이 있는데, 아직 어떤 것에도 재정을 지원하지 않은 상황이다. 남은 예산으로 그중 딱 하나만 지원할 수 있다. 어느 것을 선택할 것인가? 선택지는 다음과 같다.

1. 현재의 치료법과 비교해 환자의 기대 수명을 조금 연장할 가능성이 있는 새로 개발된 대장암 치료법.
2. 유전적으로 혈중 콜레스테롤 수치가 높은 환자에게 심장마비가 왔을 때 사망률을 줄일 수 있는 신약.
3. 극히 까다로운 뇌수술에서 현재의 치료법보다 사망률을 확실히 줄일 수 있는 새로운 수술 장비.

이런 선택지 중 한 가지를 선택한다면, 그 근거는 무엇인가? 각각의 선택지에는 곧 죽을지도 모르는 사람들이 있고, 새로운 치료법은 그들의 생명을 연장할 가능성을 높일 것이다. 출발점에 각자의 생명이 지닌 가치를 똑같이 부여하는 것은 큰 무리가 없어 보인다. 하지만 해당 환자의 삶을 몇 년 연장하는 치료가 단지 1년을 연장하는 치료보다는 더 가치가 있을 것이다. 그렇기에 누가 이익을 얻는지가 아니라 치료의 결과로 몇 년의 삶을 추가로 '얻을 수 있는지'에 가치를 부여하는 것이 타당해 보인다. 이 원칙을 적용하면, 가능한 추가 수명 연수를 '산출하는' 것이 재정을 옳은 방식으로 사용하는 것이다. 이 접근법은 타당해 보인다. 누구의 삶이든 상관없이, 늘어난 1년에 동등한 가치를 부여한다.

그러나 여기서 한 가지 문제가 제기되는데, 이를 **분배 문제**라고 해보자. 표 1의 세 가지 치료법을 보자.

각 치료법의 비용은 같으며 그중 한 가지만 감당할 수 있다고 가정하자. 분배는 다음과 같다.

* 치료법 1로 이득을 얻는 사람 10명의 평균 이득은 3.5년이다. 범위는 2에서 4년이다.
* 치료법 2로 이득을 얻는 사람 15명의 평균 이득은 2년이다. 범위는 1에서 3년이다.
* 치료법 3으로 이득을 얻는 사람 2명은 각각 8년을 더 누릴 수 있다.

세 가지 치료법 중 어느 것을 선택해야 하는가?

만약에 되도록 최대한의 추가 수명 연수를 '산출'해야 한다면(극대화 관점), 35년을 구매할 수 있는 치료법 1을 선택해야 한다. 다른 두 치료법보다 더 많은 연수를 얻을 수 있기 때문이다. 하지만 더 많은 사람을 도울 수 있기에(10명보다는 15

치료법	이득을 얻는 사람 수	늘어난 총 생명 연수
1	10	35
2	15	30
3	2	16

표 1. 세 가지 치료법 중에서 선택하기

명) 각자의 추가 수명 연수가 적어도 치료법 2를 선택해야 한다고 생각할 수도 있다. 아니면 도울 수 있는 두 사람이 상당한 이득(8년)을 얻기 때문에(치료법 1은 최대 4년) 치료법 3이 최선이라고 생각할 수도 있다. 이 사례 비교를 통해 단순히 추가 수명 연수의 총계만을 따지는 관점을 벗어나, 추가 수명 연수가 사람들 사이에서 어떻게 분배되는지도 따져봐야 한다는 사실을 알 수 있다.

다음으로 극대화 관점에 반대하는 이유를 몇 가지 살펴보자. 첫번째 직관적 판단에 따르면, 매우 아파서 곧 죽을 위험에 처한 사람과 같이 현재 매우 위급한 상황에 처해 있는 사람은 그보다 덜 아픈 사람보다 우선권을 가져야 한다. 심지어 더 아픈 사람이 더 적은 추가 수명 연수를 얻는다고 해도 그렇다. 이 관점을 가진 사람들은 환자의 **필요**에 따라 어느 정도까지는 환자에게 우선권을 주어야 한다는 식으로 표현한다. 두번째 직관적 판단에 따르면, 본인의 잘못으로 질환에 걸린 사람에게는 본인 잘못이 아닌데도 질환에 걸린 사람보다 더 낮은 우선권을 주어야 한다. 세번째 직관적 판단에 따르면, 각기 연령이 다른 사람이 획득하는 추가 수명 연수의 가치는 각기 다르다. 예를 들어 20세 청년에게 1년을 주는 것은 80세 노인에게 1년을 주는 것보다 더 가치가 있다. 여기에는 다양한 가치가 얽혀 있다. 이를테면 추가 수명의 총 연수를 극대화하는 관점은 최대의 필요를 우선시하는 관점과 크게 상충되며, 이들 가치의 비중을 어떻게 측정할 것인지에 대한 의견은 서로 합리적으로 다를 수 있다. 여러 치료법의 효과에 대해 아무리 훌륭한 증거가 있더라도 윤리적 가치를 항상 고려해야 한다. 과학은 가치 사이의 충돌을 해결할 수 없다. 근거에 기반하는 가치중립적인 정책 입안이라는 말은 공허한 울림일 뿐이다.

의료윤리와 공정한 절차

6장에서는 어려운 결정 앞에 선 사람을 의료윤리와 의료윤리학자가 어떻게 도와줄 수 있는지를 살폈다. 윤리학이 '해결책'을 제시하는 것은 아니다. 그러나 윤리학은 실제로 가장 중요한 윤리적 가치를 분명히 하고 논증의 강점과 약점을 분석하는 분야다. 비록 핵심 가치가 무엇이며 그 사이에서 어떻게 균형을 잡을지에 대한 합리적 의견의 불일치가 있을 수는 있지만, 적절한 가치와 논증을 잘 따져보고 결정을 내리는 것은 중요하다. 의료윤리는 자원 분배 상황에서 결정을 내리는 데 도움을 줄 수 있으며 사실 이미 그렇게 되고 있다. 하지만 다른 역할을 먼저 살펴보고자 한다.

우리에게 영향을 끼치는 보건의료 자원을 분배할 때는 반드시 정책 결정이 필요하다. 일반 대중은 보건의료 자원의 수

혜자로서 그 결정이 어떻게 내려졌는지 합리적으로 따져볼 권리가 있으며, 그것은 의사와 환자 관계의 사적 공간에서 내려지는 결정을 따지는 것과는 다르다. 간단히 말해, 정책입안자는 어느 의미에서 책임감을 지녀야 한다. 이 관점은 민주주의 사회에서 사회 제도가 더 보편적으로 작동해야 한다는 기대와 일치한다. 하지만 그러한 책무를 어떻게 실천해야 하는지는 간단하지 않다. 자원 분배 결정에서 가치를 적절히 고려하려면 의학적 증거에 대한 고도의 기술적 이해가 필요하기 때문이다. 게다가 새로운 치료법이 나올 때마다 다시 결정을 내리거나 검토해야 한다.

이러한 사항을 고려하다보면 윤리학보다 정치철학에서 흔히 논의되어온 질문에 다가서게 된다. 그것은 '**옳은 결정**은 무엇인가?'가 아닌, '결정을 내리기 위한 **옳은 절차**는 무엇인가?' 라는 질문이다.

미국의 윤리학자 노먼 대니얼스(Norman Daniels)와 제임스 세이빈(James Sabin)은 보건의료 자원의 분배에서 공정한 의사결정을 위한 절차적 접근법을 개발함으로써 여러 보건의료 정책결정 기관에 영향을 끼쳤다. 영국 국민건강보험의 분배에 관한 결정을 내리는 국립보건임상평가연구소(National Institute for Care and Health Excellence, NICE)가 그중 하나다. 접근법의 핵심 개념은 그 절차가 대중에게 **합리적**이고 **타당하**

게 여겨져야 한다는 것이다. 이 접근법을 도입할 경우, 절차는 중요한 결정을 내리는 사람들의 집단 또는 여러 집단을 그 핵심에 놓는다. 의사결정 집단을 이루는 사람들은 다음과 같이 구성된다. 의학, 과학, 경제학, 윤리학 등의 전문가와 같이 관련 **전문** 분야에서 일하는 사람, 환자 또는 환자 집단 대표자 등 관련 **경험**을 가진 사람, 일반 대중을 대표하는 '일반인'이 그들이다. 그리하여 과학적·임상적 증거의 적절한 이해, 관련 윤리적·과학적 논증에 기초한 충분한 증거, 관련 질환을 앓는 사람에게 끼치는 영향에 대한 이해, 그리고 일반인의 관점 등을 두루 포괄하여 결정을 내릴 수 있는 집단을 구성한다. 그 결정이 합리적일 수 있도록 집단은 결정 이유를 표명하여 대중 앞에 공표해야 한다. 또한 결정의 책임을 따져묻기 위한 항의 절차도 마련되어 있어야 한다.

절차는 다음과 같은 특징을 가진다. 결정은 공개적이다. 결정의 **이유**를 구체적으로 밝힌다. 내린 결정에 항의할 수 있다. 이런 특징은 중요한 실천적 함의를 지닌다. 시간이 지나면서 내려진 여러 결정과 그 이유는 서로 일관성을 지녀야 한다. 만약에 서로 일관성이 없다면 결정이나 그 이유가 이전의 결정과 어긋난다는 이유로 항의를 제기할 수 있다. 다시 말하자면 여기서의 절차는 법원의 절차와 유사하다. 특정 시기의 어떤 사례에 관한 결정은 앞선 사례에서의 유사한 결정과 별개로 내려질 수 없다.

의료윤리의 조력자 역할 세 가지

의료윤리학자가 자원 분배 결정을 돕는 데에는 세 가지 역할이 있다. 첫째 역할은 어려운 결정을 내릴 때 필요한 공정한 절차가 무엇인지를 구체화하고 이 절차가 적절히 운영될 수 있도록 확실히 하는 것이다. 이것을 의료윤리의 **건축가** 역할이라고 부르자. 건축가로서의 윤리학자는 절차와 구성 요소를 설계한다. 실제로 이 역할이 수행되는 곳에서 절차는 하나 이상의 위원회와 연관되어 돌아간다. 건축가의 역할은 위원회의 구성과 작동 절차를 구체화하는 것을 포함한다. 또한 이 위원회는 신중을 기하여 공정한 절차가 무엇인지를 분명히 해야 한다. 예를 들어, NICE는 임명된 **시민자문위원회**(Citizens Council)가 사회적 가치 판단(Social Value Judgments)—자원의 공정한 분배 절차에서 추론해낼 수 있는 윤리 원칙—을 작성, 검토하는 것이 공정하고 타당한 의사결정 절차라는 관점을 택하고 있다.

둘째 역할에서는 의료윤리학자가 **촉진자**라는 익숙한 옷을 입는다. 6장에서 언급한 역할과 유사하게, 의료윤리학자는 위원회가 각각의 구체적 사인에 관해 윤리적 논증을 분명히 표현할 수 있도록 돕고 그것을 위원회가 취한 공정한 의사결정 과정의 틀 안에 위치시킨다. 결정을 내리기까지 필요한 추론 과정을 구조화하고 이를 지원함으로써, 위원회는 일관되고 정연하게 작동한다는 것을 입증할 수 있다. 의료윤리학자의 건축가 및 촉진자 역할은 서로 밀접하게 연관되어 있다. 의사결정이라는 행위 자체가 관련 원칙을 만들고 공정한 절차가 최선으로 작동할 수 있는 방식을 만드는 데 도움이 되기 때문이다. 여러 결정을 내리고 그 이유를 설명해가는 과정에서 점차 결정을 내리기 위한 윤리적 근거를 모을 수 있게 된다. 이는 위원회가 작동하는 방식과 (NICE의 시민자문위원회와 같은) 소집된 합의체를 개선하여, 모든 위원회가 고려해야 할 윤리적 원칙을 체계화하는 역할을 한다.

셋째 역할에서 윤리학자는 **판단자**로 행동한다. 자원 분배 위원회는 특정 치료에 재정을 지원할지를 결정해야 한다. 윤리학자가 위원회에 속해 있는 경우, 그는 의사결정체의 일원으로서 옳은 결정에 관한 자신의 윤리적 관점을 제시해야 한다. 이 과정에서 윤리학자는 위원회의 한 구성원이며, 그의 판단은 다른 위원의 판단과 동등하게 여겨진다.

이 모든 역할에서 의료윤리가 이바지하는 핵심에는 추론과 논증이 있다.

이제 의료윤리학자가 맡는 셋째 역할로 돌아가 대부분의

보건의료체계에서 고심하고 있는 윤리적 가치를 살피는 모습을 보자. 이 가치는 **구조 원칙**(rule of rescue)으로 알려져 있다.

구조 원칙

구조 원칙은 누군가의 생사가 달린 위급한 상황에서 모종의 개입, 즉 구조를 통해 그 생명을 구할 가능성이 있는 상황과 관련된 원칙이다. 구조 원칙의 핵심에 자리하는 가치는 다음과 같다. 도와줄 타인이 없는 사람을 구조할 때 그의 생존 연수가 증가함을 알고 직접 '확인'할 수 있다면 그에게 자원을 들이는 것은 일반적으로 정당화된다. 예를 들어, 도로교통안전 확충이나 공중보건 캠페인에 '생존 연수 증가분'에 따라 쓰려고 준비한 비용보다 토니 불리모어라는 사람의 생명을 구하는 일에 더 많은 (훨씬 많은) 비용을 지출해도 된다. 비용 효과와는 대조적으로, 이 원칙은 인간이란 단지 좋은 결과의 수혜자이기만 한 것은 아니라는 개념에 기초하고 있다.

구조 원칙에 관한 이해를 돕기 위해 글상자 11에 가상(그러나 실제) 사례 두 가지를 자세히 적어놓았다.

구조 원칙에 따르면, 개입 B가 비용 효과가 나쁨에도 불구하고 개입 A 대신에 개입 B에 재정을 지원하는 것이 옳을 수 있다. 이런 일은 실제로 종종 벌어진다. 몇 명에게 신장투석하

11. 두 가지의 개입 사례 비교하기

개입 A (익명의 '통계적' 생명 구하기)

A약은 많은 사람의 사망률을 조금 낮출 수 있다. 예를 들어 관련 집단에 속한 2000명에게 A를 투약하지 않으면 몇 년 안에 100명이 죽는다. A약을 투약하면 98명만 죽는다. A약이 죽음을 예방할 수 있다는 것을 알지만, 어떤 사람의 생명을 구하게 될지는 알 수 없다. A약은 저렴한 편으로, 생존 연수 1년을 얻는 데 2만 파운드가 든다. 비슷한 치료법으로 혈중 콜레스테롤을 낮추는 스타틴이 있다. 콜레스테롤을 낮추면 심장 마비, 뇌졸중, 사망의 위험이 낮아진다. 이 경우, 약을 쓴다면 생명을 구할 수 있다는 것을 알지만 누구의 생명을 구했는지 확인할 길은 없다.

개입 B (확인 가능한 사람을 구하기)

B는 상대적으로 적은 수의 사람에게 영향을 끼치는, 생명을 위협하는 질환에만 효과적인 치료법이다. B를 투약하지 않으면 다음 해에 해당 질환을 앓는 사람의 사망률은 90%를 훌쩍 넘을 것이다. B를 투약하면 치료 가능성이 상당한데, 대략 90% 정도다. 대신에 B는 비싸며 생존 연수 1년당 5만 파운드가 든다. 신장투석을 대표적인 예로 들 수 있다. 이 경우, 투석은 특정 환자에게 행해지며 어떤 사람의 생명을 구했는지 알 수 있다. 달리 말해, 투석을 하지 않으면 그 사람의 생명을 구할 수 없음을 알고 있다.

는 데 드는 비용을 혈중 콜레스테롤이 조금 높아진 사람들에게 쓴다면 생존 연수를 다섯 배나 더 많이 획득할 수 있다. 그러나 이렇게 하지 않는 이유는, 죽음을 앞두고 투석을 간절히 원하는, 확인 가능한 사람을 저버리는 일이라고 느끼기 때문이다. 혈중 콜레스테롤이 조금 높아진 사람들에게 스타틴을 투약하여 (통계적) 환자들의 큰 집단이 보인, 이미 상당히 낮은 사망률을 조금 더 낮추는 데 재정을 사용하지는 않는 것이다.

다음으로 살펴볼 몇 가지 사고 실험은 이 원칙을 옹호하고 반대하는 논증을 확인하는 데 도움을 줄 것이다.

구조 원칙을 지지하는 두 가지 사고 실험

친구 사이인 토니와 마이클이 거주지인 옥스퍼드에서 2인승 자전거를 타고 있다(도판 8). 이 행동은 두 사람의 조기 사망 위험성을 살짝 증가시킨다. 하지만 위험과 이익의 균형을 맞추면서 만끽하는 자전거 타기의 즐거움이 한편으로 증가된 위험성보다 우위에 있는 셈이다. 여기에 비합리적인 것은 없다고 말할 수 있다. 끔찍한 사고가 일어날 가능성은 매우 낮기에 여러 다른 이득에 쉽게 묻히게 된다. 대다수 사람들은 자신뿐 아니라 타인의 이익을 위해서 이 정도의 작은 위험은 감수할 것이다.

토니와 마이클의 친구가 구직 활동을 한다고 가정해보자. 그 친구는 합격할 가능성이 높은 직종에 지원했다. 하지만 마

8. 2인승 자전거.

감 일정상 지원서를 오늘 꼭 보내야 하는데 독감을 심하게 앓는 친구는 우체국에 직접 갈 수가 없다. 도움을 주기 위해 토니와 마이클은 자전거를 타고 친구를 대신해 지원서를 부쳐주기로 했다. 이 행동은 둘의 조기 사망 위험을 아주 약간 증가시키지만, 친구를 돕는 가치에 의해 쉽게 상쇄된다.

이러한 상황을 염두에 둔 채, B유형(생존 연수 1년당 5만 파운드의 비용)의 '구조' 개입에 대한 재정 지원을 옹호하는 논증을 제시해보려 한다. 이를 위해선 A유형(생존 연수 1년당 2만 파운드의 비용)의 익명의 '통계적' 개입에 재정을 지원하지 말아야 한다. 논증에서는 '통계적' 개입의 예시로 스타틴을, 구조 개입의 예시로는 신장투석을 사용할 것이다.

스타틴 치료로 누군가가 얻는 혜택은 매우 작다. 조기 사망의 위험을 아주 조금만 감소시키기 때문이다. '친구의 지원서' 사례에서 볼 수 있듯이, 타인의 이익을 위해서 조기 사망의 위험을 약간 발생시키는 것은 얼마든지 상쇄될 수 있다. 우리 자신이 스타틴으로 이득(우리의 혈중 콜레스테롤이 조금 높아진 상태)을 얻는다고 해도 신장투석을 받지 않으면 죽을 사람에게 재정이 지원되는 것을 선호하는 것은 합리적이며 특별히 이타적인 행위도 아니다. 정책입안자의 관점에서 다수의 사망률을 약간 내리는 것보다 (치료를 받지 않으면 분명히 죽을) 몇 명을 살리는 것이 더 낫다. 특히 조기 사망의 위험이 상당히 낮은 상황에서는 더욱 그렇다.

구조 원칙에 반대하는 사고 실험

이제 구조 원칙에 반대하는 사고 실험을 논의할 것이다. 갱도에 갇힌 광부의 사례(글상자 12)를 살펴본 뒤, 다음 사실을 가정해보자. 구조대에게 약간의 사망 위험이 있으며 이 위험은 구조대의 규모에 따라 달라진다. 만약에 구조대가 100명이면 구조대원 각자의 사망 가능성은 1:1000이다. 만약에 구조대가 1만 명이면 구조대원 각자의 사망 가능성은 1:5000이다. 만약에 구조대가 10만 명(엄청나게 큰 규모의 구조대이지만 이는 이론적 검토를 위한 '사고 실험'이니까)이라면 구조대원 각자의 사망 가능성은 1:10000이다.

따라서 구조대의 규모가 클수록 구조대원 한 명이 직면하는 사망 가능성은 작아진다. 하지만 구조대의 규모가 클수록 구조를 시도하는 과정에서 사망할 수 있는 구조대원의 수는 늘어난다. 10만 명의 구조대에서 구조대원 한 명이 사망할 가능성은 매우 낮다. 달리 말해, 생명을 구한다는 중요한 이득보다 보통 훨씬 작은 것으로 치는 위험의 범위 안에 든다. 그러나 이 정도 규모의 구조대에서는 단 한 명을 구하기 위해 약 10명이 사망할 것으로 예측된다.

12. 갱도에 갇힌 광부의 사례

광부가 사고로 갱도에 갇혔다. 구하지 않으면 그는 사망할 것이다. 충분한 규모의 구조대를 꾸리면 광부를 구할 수 있다. 여기서는 두 가지를 생각해봐야 한다.

1. 사망 가능성이 1:10000이라면 당신은 구조대에 가담해야 한다고 생각하는가?
2. 1번 질문에 답하기 전에 더 알아야 할 핵심 정보가 있는가?

대다수 사람들은 대체로 이타적이며, 다른 사람의 생명을 구하기 위해 개인적으로 낮은 사망의 위험성을 감수한다고 가정했다. 또한 대다수 사람들은 선택할 수 있다면 가능한 한 낮은 위험성을 원한다고 가정했다. 만약에 이 가정이 옳다면, 구조대원 각자의 소망을 존중하는 것은 다음과 같은 결과를 초래하게 된다. 엄청난 규모의 구조대가 소집되며 다수의 생명을 그 대가로 치른다. 따라서 구조라는 사안을 구조대원 각자의 위험과 구조를 받는 사람의 이익 사이에서 어떻게 균형을 이룰지를 다루는 것으로 본다면, 잃은 생존 연수의 측면에서 볼 때 매우 값비싼 정책을 추구하는 것이 옳다는 결론으로 이어질 수도 있다. 다시 말해, 한 사람을 구하기 위해 대략 열 사람이 죽어야 하는 구조 작전을 펼치는 것이다.

스타틴과 혈액투석 이야기로 돌아가면, 확인 가능한 사람이 값비싼 연명 치료를 받도록 하기 위해서, 익명의 '통계적' 개입으로 이익을 얻는 사람들이 자발적으로 자신의 치료를 포기할지는 분명하지 않다. '통계적' 개입 대신에 구조 개입으로 획득할 수 있는 생존 연수에 재정을 쏟는 것은 결과적으로 예방적 치료로 이득을 얻을 수 있는 사람들이 구조 치료를 해야 하는 사람들의 '구조대'에 자발적으로 가담하는 것을 의미하게 된다. 특정 결정에 따라 손실을 볼 수 있는 사람들에게 확실한 권한이 없는 상태에서는 소수를 구하기 위해 더 많은 사람이 죽어야 하는 보건의료체계가 옳다고는 말할 수 없다.

그렇다면 이 결론을 받아들일 수 있는가? 다시 토니 불리모어와 호주 방위군의 극적인 구조 작전으로 돌아가보자. 마음이 돌같이 딱딱한 이론가만이 불리모어에 대한 설명을 읽고 구조 작전을 수행한 것은 잘못이었다고 결론 내릴 수 있을 것이다. 따라서 시민이 낸 세금 상당량을 방위군이 소비한 것은 옳았다. 같은 맥락에서 신장투석으로 환자를 살리기 위해서는 연간 5만 파운드를 들여야 한다. 왜냐하면 방관자적 자세로 환자에게 다음과 같이 말할 수는 없기 때문이다. "우리는 당신을 몇 년 더 살릴 수 있지만 다른 우선순위가 있어서 그러지 않을 거예요." 가족을 잃은 사람들에게 누가 감히 이런 말을 할 수 있단 말인가?

불리모어의 사례는 혈중 콜레스테롤이 조금 높아진 환자와는 무척 달라 보인다. 치료를 받지 않아도 심장 마비가 오지 않고 사망하지 않을 수도 있다. 치료를 거부하면 신부전 환자처럼 사망으로 이어지는 것이 아니라, 사망률이 약간 증가할 뿐이며 증가하더라도 사망률은 여전히 낮다. 그러나 갱도에 갇힌 광부의 사례는 신장투석이 스타틴보다 우선권을 차지해야 한다고 결론내리기 전에 우리를 멈칫하게 하는 이유를 제시한다. 콜레스테롤이 상승했는데 치료를 받지 않으면, 어떤 사람이 치료를 받지 못해 사망할지 또는 누군가가 가족을 잃게 될지 알 수 없다. 그러나 누군가가 사망하고 가족을 잃게 될 것이라는 점은 알고 있다. 치명적인 영향을 받는 사람이 누구인지 알 수 없다는 이유만으로 누군가의 죽음과 슬픔을 모르는 척하는 것은 우리의 윤리적 상상력이 부족한 탓은 아닐까?

원칙에서 실천으로

보건의료 자원 분배라는 복잡다단한 문제를 탐구하는 일은 의료윤리가 환자 진료에서 의사결정을 돕는 역할을 넘어 정책입안 과정에서 내리는 결정을 도울 수도 있음을 보여준다. 의료윤리학자는 공정하고 타당한 의사결정 과정의 건축가로서 행동해야 하며, 그런 과정에서 실생활에 적용 가능한 윤리적 가치에 관한 논의를 촉진하고 그 안에서 결정을 내려야 한다. 그러나 결국 원칙을 어떻게 사고하고 실천에 적용할지를 결정하는 것은 의료윤리학자나 위원회의 다른 위원이 내린 판단이 아니라, 절차의 질적 수준에 달린 문제이다.

4장과 5장에서 의료윤리가 관습적 사고에 도전하는 모습을 다뤘고, 6장과 7장에서는 의료윤리가 의사결정을 돕는 모습을 살폈다. 그런데 의료윤리는 항상 유용하기만 할까? 이제는 의료윤리가 위험에 처한 영역으로 나아가볼 것이다. 여기에서의 의료윤리는 좋은 의사결정을 촉진하기는커녕 가로막는다.

제 8 장

현대 유전학과 시험대에 놓인 의료인의 비밀유지의무

4장과 5장에서는 의료윤리를 통해 현재 이뤄지는 의료행위에 대해, 그리고 사회에서 정신질환을 앓는 사람을 어떻게 대하는지에 대해 문제를 제기했다. 6장과 7장에서는 의료윤리를 조언자, 지지자로 그렸다. 이번 8장에서는 의료윤리 자체에 대해 문제를 제기한다. 의학과 기술이 발전하여 새로운 윤리적 질문을 던지거나 이전 질문을 새로운 방식으로 던지게 된 측면도 있다.

예를 들어, 현대 생식의학을 통해 부모와 자녀 사이의 새로운 생물학적 연결 관계를 알 수 있다. 아이의 유전자를 구성하는 데 절반을 기여한 여성과 출산 때까지 태아를 품는 여성이 다른 사람일 수 있다. 최근에는 배아의 유전적 구성에 두 사람 이상이 기여하게 하는 기술도 나왔다. 머지않아 두 남성 또는 두 여성의 유전자로부터 배아를 만드는 것도 가능해질 것이다. 나아가 인간과 비인간 동물의 유전자를 결합하여 배아를 만들거나 인간 배아를 완전히 합성하여 만들 수도 있을 것이다. 친권이나 인권과 같은 개념에 기반을 둔 윤리는 급진적으로 재해석되거나 재고될지도 모른다. 관련 기술이 새로 등장하면 새로운 윤리적 이슈가 제기되는 것처럼 보일지도 모르지만, 기술이 일상의 일부가 되면 사람들은 윤리적 문제나 복잡성을 규명하려 들지 않는다. 이를테면 장기이식이나 질병 치료를 위해 돼지 심장 판막을 사용하는 경우가 있었다. 현대 생식의학 역시 똑같은 결과로 이어질지는 지켜봐야 할 것이다.

현대 기술의 가능성이 의료윤리에 의문을 던지는 상황을 살펴보려면 미래를 애타게 기다릴 필요가 없다. 전 세계 유전학 클리닉의 현재 상황을 살펴보면 비밀유지의무에 관해 오랫동안 품어온 생각을 다시 따져보게 된다.

현대 유전학은 점차 인류의 과거를 밝히고 미래를 예견할 수 있도록 발전하고 있다. 그리고 그것이 전부가 아니다. 한 개인의 유전자 검사를 통해 그 사람의 친척에 대한 정보를 알 수 있다. 물론 그것은 이전에도 가능한 일이었지만, 그 범위는 제한적이었다. 이제는 그것을 현실화할 가능성의 범위가 달

13. 사례 1 — 유전자 검사로 친부가 누구인지를 밝히다

로버트와 해나 커플은 진단 미확정의 유전 질환이 있는 아이를 낳았는데, 이들은 아이를 또 가질 경우 새로 태어날 아이가 비슷한 질환이 있을 확률이 얼마나 되는지 알고 싶어했다. 답을 찾기 위해 로버트와 해나, 아이의 유전자 배열을 확인하고 비교했다. 검사를 통해 로버트가 실은 아이의 생물학적 아버지가 아니며 해나의 유전자 순열과 아이의 생물학적 아버지의 불운한 유전자 조합의 결과로 아이가 질환에 걸렸다는 것을 밝혀냈다. 아이의 질환은 유전학적으로 열성 유전에 속한다. 이는 해나의 아이가 해당 질환을 지닐 확률은 생물학적 아버지가 누구인가에 달려 있음을 의미한다. 만약에 아이의 아버지와 동일한 사람이 새로 태어날 아이의 아버지라면 아이가 질환에 걸릴 확률은 25%이다(도판 9 참조). 그러나 생물학적으로 해나와 로버트 사이에서 태어날 아이는 이 질환을 지닐 가능성이 거의 없다. 이것은 로버트가 두 쌍의 정상 유전자를 가지고 있어, 장차 태어날 아이에게 질환이 나타나지 않도록 막기 때문이다.

라졌다.

우선 비밀을 캐는 것으로부터 출발하자. 글상자 13에서 현실적인 유전학 서비스 사례를 제시했다.

유전학자는 로버트에게 아이의 친부가 아니라는 사실을 밝혀야 하는가? 이 문제에 관한 지침은 다양하다.

대다수의 유전학자는 얼마든지 거짓말을 하거나 비밀에 관

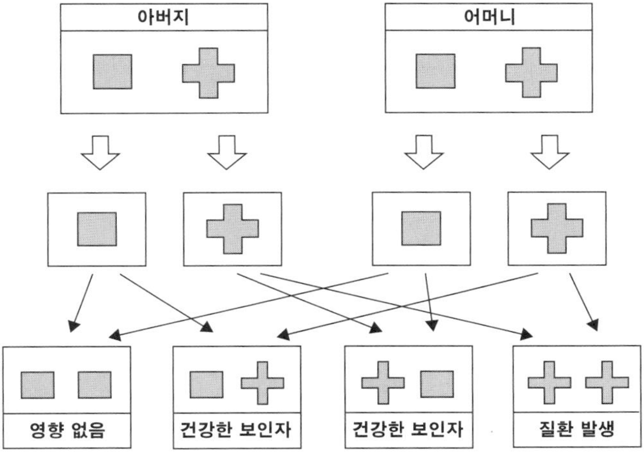

9. 상염색체 열성 유전.

10. 아이와 함께 있는 커플.

해 얼버무릴 수 있다. 이를테면 질환은 새로운 돌연변이 탓에 생긴 것이라면서 부모에게 진실을 숨기는 것이다. 하지만 미국에서 부모를 대상으로 진행한 설문조사에서 남편이 의사에게 직접 물어본 경우, 의사는 남편에게 사실대로 말해줘야 한다고 75%에 가까운 부모가 답했다. 게다가 그렇게 답한 사람들은 대부분 여성이었다.

의료인의 비밀유지의무

히포크라테스는 기원전 460년경 그리스의 코스섬에서 태어났다. 히포크라테스 선서는 매우 오래된 의사의 전문가적 지침서 가운데 하나다. 내용의 일부는 이제 시대에 뒤처진 것으로 인식되지만, 비밀유지의무에 관한 부분은 여전히 유의미하다. "의료를 행하거나 일상생활을 하면서 사람들에 관해 보거나 들은 내용 가운데서 밝혀서는 안 될 것은 혼자만 알고 있을 것이며 항상 비밀로 다룰 것입니다."

비밀유지의무의 한계를 따져보기 위해 앞서 살핀 사례 1과 새로운 사례 2(의학 전문지 〈랜싯The Lancet〉에 게재된 파커M. Parker와 루카센A. Lucassen의 논문에서 가져온 사례, 글상자 14)를 비교해보자.

사례 2의 경우, 의사는 비밀유지의무를 위반하면 안 된다는

14. 사례 2 — 친모로 인해 친부가 누구인지 밝혀지다

"건강한 임신과 출산 이후 메리는 산후 6주 차 정기검진을 위해 주치의를 방문했다. 메리의 남편 피터도 동석했다. 이 상담에서 메리는 피터가 아이의 아버지가 아니라는 사실을 밝혔다."(참고문헌 참조)

것이 일반적인 견해다.

영국의 의사들을 위한 조직인 영국의학협회(General Medical Council, GMC)가 발표한 지침에 따르면, 동의 없이 개인 정보를 유출하는 것은 그 행위로 인해 공익이 발생하면 정당화될 수도 있다. GMC에 따르면, 개인 정보 유출로 인해 발생하는 공익이란 '사망 위험 또는 심대한 해악'으로부터 사회의 다른 개인들을 보호할 수 있는 것을 의미한다.

이런 지침을 특정 상황에 적용하려면 해석이 필요하다. 사례 2의 경우, 해석은 상당히 직접적이다. 피터에게 말하지 않아 발생하는 위험은 '사망 위험 또는 심대한 해악'에 해당하지 않는다. 따라서 의사는 메리의 비밀을 유지해야 한다.

사례 1과 사례 2 비교하기

만약에 의사가 사례 2에서 비밀유지의무를 위반해서는 안

된다면, 사례 1의 유전학자 또한 친부가 누구인지에 대해서도 비밀을 지켜야 하지 않을까?

두 사례 간에는 중요한 차이가 있다. 사례 1에서 친부가 아니라는 사실이 밝혀진 것은 로버트와 해나가 동의한 검사의 결과를 통해서였다. 사례 2의 경우, 비밀은 메리를 통해서만 드러났다. 사례 1에서 로버트와 해나는 유전학자를 찾아가 공동의 관심사를 상의했다. 친부에 관한 정보는 로버트와 해나가 함께 유전학자를 방문한 목적과 직접 연관되어 있다.

의료인의 비밀유지의무에 관한 근거

사례 비교는 여전히 사례 1에서 유전학자가 어떻게 해야 하는지를 답하지 않는다. 사례 2를 따져보면 로버트에게 친부와 관련한 정보를 말해서는 안 되는지에 관한 이유를 몇 가지 찾아볼 수 있다. 그러나 사례 2는 중요한 점에서 사례 1과 다르며, 이 차이가 모든 것을 뒤바꿀 수도 있다.

다시 본론으로 돌아가 질문을 던져보자. 의료인이 비밀유지의무를 엄중하게 지켜야 하는 근본적인 이유는 무엇인가? 가장 일반적인 세 가지 답이 있는데, 환자 자율성 존중, 묵시적 약속 지키기, 최선의 결과 가져오기가 그것이다.

근거 1: 환자 자율성 존중

환자 자율성 존중의 원칙(3장 참조)은 환자가 자기 삶을 통제할 수 있는 권리를 가지고 있음을 강조한다. 다시 말해, 한 개인이 자신에 관한 정보에 타인이 접근할 수 있는지를 결정할 수 있는 권리를 뜻한다(사생활의 권리). 이 관점에서 자신의 정보를 의사에게 공개하는 환자는 그 정보를 알 수 있는 사람이 누구인지를 결정할 수 있는 권리를 가진다. 의사는 일반적으로 환자의 허락 없이 제3자에게 이 정보를 넘겨서는 안 된다.

근거 2: 묵시적 약속

누군가는 의사와 환자의 관계에 묵시적 이해가 내포되어 있다고 주장하는데, 그중 하나가 의사는 환자의 비밀을 누설하지 않는다는 것이다. 이 관점에서 의사가 비밀유지의무를 위반해서는 안 되는 이유는 그 위반이 이해의 파기를 초래하며 이는 약속을 저버리는 것과 같기 때문이다.

근거 3: 최선의 결과

윤리철학의 주요 이론(결과주의)은 어떤 상황에서 옳은 행동이란 (예측 가능한 선에서) 최선의 결과를 가져올 수 있는 것이라고 주장한다. 이 관점에서 의사가 비밀유지의무를 다해야 하는 이유는 그렇게 함으로써 최선의 결과가 도출되기 때문이다. 의사가 비밀을 유지할 때만 환자는 의사를 신뢰할 수 있다. 이런 신뢰는 환자가 의사에게 긴급한 도움을 받고자 할 때 매우 중요하다.

로버트가 신생아의 아버지가 아니라는 사실을 유전학자가 말해야 하느냐는 질문의 경우, 위에서 언급한 이론은 도움이 되었는가?

사례 1에 환자 자율성 존중 이론을 적용하는 것은 결과가 확실치 않다. 누구의 자율성에 초점을 맞추냐에 따라 결정이 달라지기 때문이다. 로버트의 자율성을 존중하려면 로버트에게 이야기해야 한다. 로버트에게 비밀을 밝히지 않을 때 해나의 자율성은 존중받을 수 있다(해나가 로버트에게 말하라고 허락하지 않는 경우에 그렇다).

묵시적 약속 이론 또한 문제가 있다. 사례 2에서 예로 든 것과 같은 정상적인 임상 진료에서, 의사가 비밀을 지킬 것이라고 환자(메리)가 기대하는 것은 분명한 사실이다. 그러나 사례 1에서 무엇이 묵시적 약속인지는 분명하지 않다. 그러나 이 이론은 위의 사례에서 앞으로 나아갈 수 있는 실용적인 방법을 제시하고 있다. 환자가 어떤 검사를 받기 전에 클리닉이 정보 공유에 관해 어떤 입장을 취하고 있는지를 분명히 해야 한다는 것이다.

결과론적인 측면에서는 사례 1에서 친부가 누구인지에 관한 비밀을 의사가 지켜야 하는 이유는 분명하다. 그것은 해나와 로버트에게 해로운 결과를 가져오기 때문이다. 많은 유전학자가 로버트에게 당신은 해나가 낳은 아이의 생물학적 아버지가 아니라고 말하지 않는 핵심 이유가 이것이다. 그러나 로버트가 비밀을 알지 못하는 상태로 남아 있는 것이 진실을 아는 것보다 나은지는 분명하지 않다. 해나가 한 행동을 숨겨서 아무도 모르게 하는 것이 옳은 일인가? 비밀을 지키면 해나와 로버트에게 더 나을까? 이것은 결과주의가 지닌 커다란 실천적 문제다. 달리 말해, 행동의 여러 경로가 낳을 다양한 결과를 어느 정도 확실성을 가지고 예측하기 불가능할 때가 많다는 것이다.

비밀유지의무의 윤리적 중요성에 관한 이론들을 검토했지만, 사례 비교보다 더 도움이 된 것 같지는 않다. 그 이유는 문제의 잘못된 측면에 초점을 맞추고 있기 때문인 것으로 보인다. 로버트의 입장에서는 해나의 비밀을 누설할 충분한 근거가 있는지 여부가 핵심적 질문은 아니다. 대신에 신생아가 로버트의 생물학적 아이가 아니라는 정보가 해나의 정보인 것처럼 '로버트의 정보'이기도 한지 여부를 질문해야 한다. 이것은 누구의 정보인가? 이 질문을 글상자 15에 실린 셋째 사례

15. 사례 3 — 비밀과 자매

4세 남자아이는 뒤센근이영양증(Duchenne muscular dystrophy, DMD) 진단을 받았다. DMD는 쇠약을 초래하는 심각한 진행성 근소모증으로, 이 질병에 걸린 아이는 대개 10대 초부터 휠체어를 타야 하고 20대에 사망에 이른다. 이것은 X염색체 연관 열성 질환이라서 남자아이에게만 나타난다. 아이의 어머니 헬렌이 돌연변이 보유자인 것으로 밝혀졌다. 유전자 보유자인 여성은 질환 증상을 나타내지 않지만, 아들 중 절반이 이 유전자를 받아서 질병에 걸리게 된다.

헬렌의 여동생 페넬로페는 임신 10주 차다. 페넬로페의 산부인과 의사는 페넬로페의 조카이자 헬렌의 아들이 언어발달 지연을 보인다는 말을 듣고는 페넬로페를 유전학과로 보냈다. 페넬로페는 산부인과 의사에게 자신이 언니와 친하지 않으며 이 문제를 상의해보진 않았지만 자신의 태아에 끼칠 영향을 걱정하고 있다고 말했다. 페넬로페는 만약에 태아가 심각한 유전 질환에 걸렸다면 임신중절을 고려할 것임을 분명히 했다. 언어발달 지연은 여러 질환에서 나타나는 특징이며 이것만으로 DMD 유전자 보유자 검사를 해야 하는 것은 아니다. DMD 유전자에는 여러 돌연변이가 있으므로, 조카의 질환이 무엇인지에 대한 정보 없이 돌연변이를 검사할 경우, 유용한 정보를 획득할 가능성이 낮다.

임상 유전학자를 만난 헬렌은 동생이 임신했다는 사실을 알고 있으며 태아가 영향을 받을 수 있다는 사실을 이해했다고 말했다. 헬렌은 또 이 문제를 동생과 상의해보지 않았는데, 둘이 친하게 지내지 않는 상태이기도 하지만, 만약에 동생이 검사를 해서 태아가 질병에 걸렸다는 사실을 알게 된다면 임신중절을 할 것으로 생각하기 때문이라고 말했다. 헬렌은 이것을 큰 잘못이라고 생각하고 있다. 동생과는 관점이 다르다는 것을 알지만, 헬렌은 자기 아들의 검사 결과와 정보가 비밀에 부쳐지기를 원한다(참고문헌 참조).

를 통해 검토해보자. 〈영국의학저널〉에 실린 파커와 루카센의 논문에서 가져온 것이다.

여기서는 태아가 해당 유전자를 가지고 있을 때 페넬로페가 임신중절을 해야 하는지의 문제는 제쳐두고 비밀엄수의 문제에만 집중할 것이다. 파커와 루카센은 비밀엄수의 두 가지 모형을 제시했다. 하나는 개인 계정 모형, 다른 하나는 공동 계정 모형이다(참고문헌 참조).

개인 계정 모형

개인 계정 모형은 의료인의 비밀유지의무에 관한 일반적인 관점이다. 이 관점에서 헬렌의 유전적 상태에 관한 정보(뒤센근이영양증 유전자 보유자)는 헬렌에게, 그리고 헬렌에게만 '속한다'. 이런 상황에서 비밀유지의무를 준수하는 것은 중요하다. 그러나 이런 비밀유지의무에 한계가 있다는 사실은 이전부터 인식되어왔으며 이미 GMC의 범주를 다루면서 강조한 바 있다. 그러나 이런 제한은 예외일 뿐이다. 이 관점에서 따져봐야 할 핵심 질문은 정보가 밝혀지지 않았을 때 페넬로페에게 끼칠 해악이 헬렌의 비밀을 누설하는 것을 정당화할 수 있을 만큼 심각한가이다.

공동 계정 모형

공동 계정 모형에서의 유전 정보는 은행 공동 계정 정보처럼 한 사람 이상에게 공유된다. 이 관점에서 헬렌의 요청은 은행 지점장에게 공동 계정의 정보를 다른 계정 소유자에게 밝히지 말아 달라고 하는 것과 같다. 이 관점에서 유전 정보는 대부분의 의학 정보와는 전혀 다른 방식으로 간주되며, 가족 요소를 포함하고 있다. 이 정보는 모든 '계정 소유자'에게 허용된다. 다시 말하면, 유전적으로 가까운 가족 구성원에게 허용된다. 이는 이 정보를 밝히지 말아야 할 타당한 이유가 있지 않은 한 적용된다.

두 모형은 정보 공유에 관한 입증 책임을 서로 반대 방향에서 바라본다. 개인 계정 모형에서 이렇게 물을 수 있다. 페넬로페가 당할 위험이 헬렌의 비밀 유지를 위한 권리를 능가할 정도로 큰가? 공동 계정 모형의 경우, 헬렌의 혈액과 병력에서 얻은 유전 정보는 가족에게 '속하며' 모든 가족 구성원을 위해 제공되어야 한다. 페넬로페는 가족적 인자에 관해 알 권리를 가지며, 그것은 자신의 유전적 조성의 중요한 측면을 알도록 돕는 핵심 정보에 의해 페넬로페의 건강을 증진하는 결과를 가져올 수 있다. 페넬로페가 DMD 유전자 검사 정보를 알지 못하게 하려면 헬렌 편에서 매우 중요한 이유를 들 수 있어야 할 것이다. 그러나 페넬로페가 가지는 유전 정보에 관한 권리는 제한적이다. 페넬로페가 지닌 가족적 유전 인자에 관한 정보 접근권은 헬렌의 건강이나 진료 상황에 관한 모든 정보를 다 알 수 있다는 것을 의미하지 않는다.

헬렌은 자신과 아이뿐만 아니라 페넬로페와 그녀의 태어나지 않은 아이에 관해서도 무언가를 알고 있다. 헬렌은 페넬로페의 태아가 DMD로 고통받을 가능성이 제법 있음을 알고 있지만, 페넬로페는 이를 알지 못한다. 이러한 정보의 비대칭성은 페넬로페의 입장에서 불공평하다. 개인 계정 모형은 이 점을 고려하지 못한다.

현대 유전학은 일부 의학 정보의 상태를 다시 생각하도록 한다. 의료윤리학자의 숙달된 도구인 추론과 논증을 적용하여, 유전 정보가 개인에게 속한 사적인 것이라고 여기는 일반적 관점은 타당하지 않다고 앞서 말했다. 전문가들이 의료윤리적 분석에 근거해서 만든 지침을 새로운 논증에 비추어 다시 따져보고 수정할 필요성을 이끌어내는 것이 분석의 목적이었다. 지침(그리고 국가법과 같은 더 넓은 규제적 틀)이 돌처럼 단단하게 설정되는 것이 아니라, 보건의료의 기술적 발전에 따라 진화하는 논증처럼 점차 수정되어가야 한다는 인식이 중요하다. 그렇게 GMC가 공동 계정 모형을 받아들여 유전 정보를 가족 차원에서 어떻게 다룰지에 관한 지침을 세우고 그 정보를 개인 환자의 것이 아닌 일군의 집단에 잠재적으로 속하게 하는 것이 바람직하다. 기존 비밀유지의무의 개인주의적 모형은 수정되어야 한다.

다음 9장에서는 현대 의료윤리가 윤리적 가치와 의무를 명확히 하기 위해 취하는 개인주의적 접근이라는 전방위적인 경향에 다시 한번 질문을 던지고자 한다. 오래도록 견지해온 윤리적 입장을 다시 생각해보게 하는 것은 과학과 기술의 발전만이 아니다. 사회 내, 사회 간 문화적 차이를 통해 의료윤리에 관한 추론과 접근법에 문제를 제기한다. 새로운 기술처럼, 문화적 차이는 개인의 윤리적 의무를 다시 생각하게 하고 다양한 사회에 걸쳐 공동체가 서로 관계를 맺는 방식에 면밀한 주의를 기울이게 한다. 여러 문화권 간의 협력이 필요한 의학 연구에는 문제가 야기되는 맥락이 존재한다. 이 주제로 넘어가보자.

제 9 장

문화,
동의,
공동체

현재의 연구가 미래의 의학이 된다. 그렇기에 의학 연구의 우선순위를 정하고 수행하는 방법에 관한 질문은 보건의료에서의 우선순위와 실천에 관한 질문만큼이나 중요하다. 의학 연구는 여러 면에서 의료행위보다 훨씬 엄격하게 규제된다. 수많은 의학 연구 지침을 자세히 살피다보면 의학 연구는 담배처럼 건강에 나쁠 수밖에 없다는 사실을 이해하게 된다. 자유주의 사회에서 담배 자체를 금지할 수는 없으므로, 엄격한 규제는 해악을 최소화하기 위한 수단이다.

이런 엄격한 통제의 이유를 역사에서 찾을 수 있다. 하틀리(L. P. Hartley)의 소설 『사랑의 메신저The Go-Between』는 "과거는 다른 나라다. 그곳 사람들은 다른 방식으로 산다"라는 문장으로 시작한다. 나치 의사가 수행한 끔찍한 실험은 1946년 최초로 인간 대상 의학 연구에 관한 국제적 지침인 뉘른베르크 강령의 합의로 이어졌다.

그러나 의학 연구의 발전을 위해 인명을 학대한 것은 나치 독일만이 아니었다. 미국 앨라배마주 터스키기에서 미국 공중위생국(PHS)이 1970년대에 수행한 매독 연구에서는 매독에 걸린 흑인 남성 400여 명을 일부러 치료하지 않고 방치하여 질병의 자연적 진행 경로를 관찰하고자 했다. 이 남성들은 무료 진료를 받는다고 속아서 자원했지만, 증상을 개선할 수 있는 페니실린 치료를 받지 못했다.

뉘른베르크 강령은 1964년 세계의사회가 발표하고 2013년 마지막으로 수정한 헬싱키 선언으로 이어졌다. 이 선언으로 인해 여러 가지 의학 연구 지침이 생겨났으며, 그 법적 구속력은 다양하다. 여러 지침에는 네 가지의 윤리적 이슈가 강조되어 있다. 연구 참여 가능자의 자율성 존중, 해악으로부터의 참여자 보호, 연구의 가치와 질적·정의적 측면이 그것이다. 게다가 연구윤리 위원회가 구성되어 의학 연구 설계를 세밀히 검토해 윤리 지침을 지키도록 하고 있다.

연구 관리: 세 가지 비판

의학 연구의 규제를 알려주는 윤리 원칙이 연구를 통해 생기는 이로움, 즉 후대의 사람들이 지닐 이익에 대한 가치 부여를 내포하지만, 지침과 관리 절차에서 주로 초점을 맞춰온 것은 연구 참여자에 관한 것이었다. 연구 참여자가 자율성과 보호를 어느 정도나 보장받는가? 이것은 현재의 규제와 그 절차에 대한 비판으로 이어졌다. 연구자, 근거기반의학 옹호자, 의료윤리학자가 이러한 비판을 주도하고 있다. 주된 비판은 다음 세 가지로 나뉜다.

첫째, 규제 절차 때문에 연구가 심각하게 지연되고 이에 따라 연구를 통해 얻을 수 있는 이익과 죽어가는 생명을 구하는 것도 미뤄지고 있다.

둘째, 지침이 연구 참여자에게 너무 권위적이다. 지침 대부분은 연구 참여자가 '최소한의 해악 가능성'에도 노출되면 안 된다고 명시하고 있다. 이것은 참여자가 위험과 이득에 관해 충분한 정보를 전달받아 스스로 결정할 수 있는 성인으로서 자발적으로 참여한 상황에도 적용된다. 비록 최소한의 해악이 무엇을 의미하는지는 명확하지 않지만, 그 수준은 대체로 위험 회피 성향의 사람이 일상에서 느끼는 정도인 것처럼 보인다. 지침을 비판하는 이들은 삶의 다른 영역에서보다 의학 연구에서 끼칠지도 모르는 해악의 가능성을 더 주의 깊게 통제하고 더 제한해야 하는 이유를 묻는다. 우리는 스키, 오토바이, 행글라이더의 판매나 구매를 막지 않지만, 이런 것들은 구매자에게 보통의 위험을 초래한다. 그렇다면 의학 연구에 대해 특별히 통제를 강화할 이유가 있을까?

셋째, 의학 연구에 대한 참여를 요청받은 참여자에게 제공되는 정보의 양은 상당하며, 진료 상황에서 정상적인 정보의 양이라고 여겨지는 것보다 훨씬 많다. 비판자들은 이것이 '이중 잣대'의 예시 가운데 하나라고 주장한다. 연구와 진료 환경 사이의 정보 수준에 차이가 있는 이유를 변호하기 어렵다는 것이다. 이중 잣대는 비일관성의 본보기다.

현재 이러한 지침과 규제를 옹호하거나 비판하는 사람들 사이의 불일치를 해결하긴 어려울지도 모른다. 자율성 존중과 연구가 후대에 가져다줄 이로움 가운데 어느 쪽에 비중을 더 둘 것인가에 대해서는 관점의 차이가 있을 수 있다. 임상 진료와 의학 연구 환경에서 각각 같은 수준의 정보가 제공되어야 하는가에 대해 의견이 충돌할 수도 있다. 그러나 양측의 논증은 윤리적 토대와 중요한 가치에 관한 공통된 이해에 기초하고 있다. 이 책 전반에 걸쳐 펼친 비판을 보면 알 수 있듯이, 비판한다고 해서 의료윤리학의 지반이 약해지지 않는다. 오히려 그 반대로, 비판 그 자체가 이 분야 활동의 좋은 예시이다.

국제적 연구 관리: 서구 제국주의?

그러나 의학 연구에 대한 윤리적 규제를 향한 기존의 비판과 이번 상황은 맞지 않는다. 이번 비판의 핵심은, 의학 연구에 대한 윤리적 규제는 **제국주의**(서구 국가가 상당히 다른 문화를 가지고 있는 비서구 국가에 서구의 관점과 실천을 강제하는 것)의 현대적 예시라는 것이다(참고문헌 참조).

서구 국가에서는 잘 나타나지 않는 질병이 비서구 국가에서 빈발하는 경우도 있다. 말라리아가 좋은 예이다. 1인당 국내총생산(GDP) 규모가 낮은 비서구 국가는 의학 연구에 투자할 만한 자금이 부족하다. 따라서 서구 국가의 기관이 비서구 국가의 의학 연구에 투자하여 그 시설을 활용하는 예도 흔한 편이다. 연구는 해당 국가의 참여자를 대상으로 하며 그 결과는 해당 인구 집단의 건강상 혜택으로 돌아갈 가능성이 높다.

이제 의학 연구는 점차 국제적으로 이뤄지고 있다. 제약회사의 경우, 연구 활동을 비서구 국가에서 진행하는 것이 대규모 의학 실험의 비용을 줄이는 데 도움을 주며, 시제품과 새로운 시장의 물리적 거리를 단축할 수 있다. 연구 기관으로서도 국제적 보건 연구는 점차 중요성을 띠고 있다. 비서구 국가에서 치료받지 못한 질병으로 인해 높은 사망률과 이환율을 보인다는 사실을 점차 깊이 인식하고 있기 때문이다. 이런 질병에 관한 대규모 연구는 서구의 대학과 비서구의 대학에 새로

설립된 연구 기관 사이의 제휴로 진행된다.

터스키기 매독 연구의 교훈을 유념한다면, 비서구 국가에서 진행하는 연구의 경우 참여자를 부당하게 동원해서는 절대 안 된다. 이 교훈은 비서구 국가의 연구도 서구 국가의 연구처럼 같은 윤리 원칙하에 같은 방식으로 규제되어야 한다는 점을 말해준다. 국제의과학기구협회(Council of International Organization of Medical Sciences)가 2016년 지침의 서문에 다음과 같은 문장을 추가한 것은 당연해 보인다. "이 지침에 제시된 윤리 원칙은 연구 규정의 윤리적 검토 과정에서 반드시 지켜야 한다. 윤리 원칙은 보편적인 것으로 간주한다." 손꼽히는 의학전문지 〈뉴 잉글랜드 저널 오브 메디신〉의 편집장이었던 마샤 에인절(Marcia Angell)은 이렇게 적었다. "세계 어느 곳에서든 인간 대상자는 더는 축약할 수 없는 윤리 기준에 따라 보호받아야 한다."

개인에게 충분히 설명하고 동의를 얻는 방식은 서구 국가에서 연구 참여자의 권리와 복지를 보호하기 위한 주된 수단이다. 개인에게 적절한 정보를 제공한 뒤 자발적 동의를 얻어야 하며, 그 대상자는 충분한 설명을 듣고 선택할 수 있는 능력을 갖추고 있어야 한다. 또한 타인으로부터의 과도한 영향력이나 강제력에서 벗어나 자유롭게 결정을 내릴 수 있어야 한다. 서구 국가의 연구 환경에서는 주로 연구 절차에 관한 내용을 포함한 정보 인쇄물을 사용하여 연구팀이 동의를 받는 것으로 표준화되어 있다. 동의서에는 보통 자신의 동의를 표현하기 위해 개별 연구 참여자가 직접 서명한다. 도판 11에 동의서 예시가 나와 있다.

따라서 비서구 국가에서 연구 참여자를 부당하게 대우하지 않기 위한 방침으로, 구미에서 개발되고 그 주요 기관이 지지하는 연구의 구조적 틀과 윤리 조항이 저개발국가의 연구의 규제 지침으로 사용됐다. 서구 국가에서처럼 참여자의 복지와 권리를 위해 연구윤리 위원회가 지역 병원에 설치되어 국경을 넘나들며 활동하는 연구자가 세심하게 살피도록 감독한다.

하지만 서구의 자발적 동의 개념(그리고 윤리 원칙)을 비서구 국가에 전파하는 것이 해당 국가의 연구 참여자가 부당한 대우를 받는 것을 막기 위한 제대로 된 접근법이라면, 이것은 서구 제국주의의 예시에 해당하지 않는 것일까?

시험대에 놓인 동의

중요한 말라리아 연구가 수행되고 있는 케냐 시골과 같은 곳에 사는 사람은 연구에 참여할지 여부를 직접 결정하지 못한다는 주장이 있다. 그 이유로 이곳 사람들은 인생에서 자기 취향이나 가치관에 따라 자기 나름의 진로를 추구하지는 않

연구승인 번호: 연구 번호: 이 연구의 참여자 확인 번호:

동의서 양식

연구 제목:

연구자 성명:

1. 나는 위 연구와 관련하여 ____일(____판)에 작성된 연구정보지를 읽었음을 확인합니다. 나는 정보를 따져볼 기회가 있었으며, 질문을 던지고, 그에 만족스러운 답을 얻었습니다. ☐
2. 나는 나의 참여가 자발적이며 이유와 무관하게 언제든 연구에서 벗어날 수 있고, 이것이 나의 진료나 법적 권리에 영향을 끼치지 않음을 이해하였습니다. ☐
3. (해당하는 경우) 나는 이 연구에서 수집된 나의 의학 기록과 자료의 관련 부분이 이 연구에서 나와 연관되는 경우 그 〔회사〕 구성원, 규제 당국, 국민의료보험 신탁이 열람할 수 있음을 이해하였습니다. 나는 이들이 나의 기록에 접근하는 것을 허락합니다. ☐
4. (해당하는 경우) 나는 나에게 수집된 정보가 장차 다른 연구를 지원하는 데 사용될 수 있으며, 다른 연구자에게 익명으로 공유될 수 있음을 이해하였습니다. ☐
5. (해당하는 경우) 나는 주치의가 나의 연구 참여에 관한 정보를 전달받는 것에 동의합니다./ 나는 주치의가 연구에 참여하며, 주치의와 연구팀이 나에 관한 정보를 교환하는 것에 동의합니다. ☐
6. (해당하는 경우) 나는 보건사회복지정보센터(아닌 경우 적절히 수정하시오)와 그 밖의 정부 국민의료보험 기관이 보유하고 있는 정보가 나와 접촉하는 데 도움을 주거나 나의 건강 상태에 관한 정보를 전달할 수 있음을 이해하였습니다. ☐
7. 나는 위 연구에 참여하는 데 동의합니다. ☐

____________	____________	____________
참여자 성명	일자	서명
____________	____________	____________
동의받은 자 성명	일자	서명

완성되면 1부는 참여자에게 전달하고, 1부는 연구실에, 1부는 의무기록함에 보관할 것.

11. 연구 동의서.

는다는 점을 꼽는다. 이곳에서의 결정방식은 아주 복잡한데, 누구든 마을 원로나 가장, 지역 부족이나 촌락 집단 등을 의식하면서 두루 의견을 듣고 결정을 내린다. 또는 다른 사람에게 결정을 완전히 미루기도 한다. 이를테면, 공동체의 노인이나, 여성의 경우 남편이나 가장이 결정을 내리는 것이다. 개인 자율성 존중의 가치를 부여하는 일은 개인의 자발적 동의를 얻을 필요성도 함께 제기하는 것이다. 그렇기에 이는 (논쟁의 여지가 있지만) 서구의 극단적 개인주의라는 가치를 동시에 주입하는 것이다. 이 가치는 서양의 역사와 문화에서 비롯된 것으로, 케냐의 문화에서는 그다지 중요하지 않은 것일 수 있다.

이런 가치 부여를 피하는 한 가지 방법은 서구 국가의 연구자나 기관이 비서구 국가에서 연구를 수행하지 않는 것이다. 한 결과에 따르면, 1인당 GDP 규모가 낮은 비서구 국가에서 여러 가지 질병의 사망률과 이환율을 효과적으로 낮출 의학 연구를 진행한 사례는 드물었다. 이는 선진국이 개발도상국을 도와야 할 책임을 전적으로 저버리는 처사로서 비윤리적이다.

좀더 합리적인 방안으로는 비서구 국가에서 일하는 서구 국가 출신의 연구자가 실제로 연구가 진행되는 곳의 규범을 무조건 수용하여 동의를 얻는 데 활용하는 것이다. 이것은 어떤 문화에서는 개인의 동의를 완전히 방기하는 것을 의미할 수도 있다. 대신에 연구 참여나 연구의 일환인 혈액 표본 채취를 공동체 지도자나 가족의 다른 구성원에게 허락받는다.

하지만 개인의 동의를 방기하는 것은 문제가 될 수 있다. 그 지역의 규범을 따르는 것은 개인 참여자의 이익이나 그의 가치관에 반하는 행위로 이어질 수 있다. 개인의 일상에서 이런 저런 결정을 흔히 본인이 아닌 남편이나 마을 장로 등이 내린다고 해도 연구윤리상 동의를 받아야 한다는 약속은, 결정을 내릴 수 있는 능력을 갖춘 한 인간에 관한 근본적 존중을 보일 필요성에서 탄생한 것이다. 서구 출신 연구자가 그러한 지역 규범에 전적으로 따를 경우, 스스로 윤리적으로 잘못이라고 간주하는 방식으로 행동할 수도 있다. 카무야(D. M. Kamuya)와 동료들이 혈액 표본 채취를 놓고 논의한 데서 볼 수 있듯이, 거부할 권리를 여성 본인에게 주지 않은 채 남편이나 마을 장로에게만 동의를 받고 혈액을 채취하는 상황이 발생할 수 있다.

윤리학자를 철학자의 흔들의자에서 일어나게 하는 셋째 방법이 있다. 문화 충돌에 잘 대처하기 위해서는 주의 깊은 사고, 분석, 논증이 필요한 게 아니라 서구의 의료윤리라는 틀을 벗어나야 한다. 그 자체로 문화적 다양성을 의미하는, 다른 문화와의 체계적 대화와 논의, 참여를 가져올 **맞물림**(engagement)이 필요하다. 이 방법은 보편적 윤리 원칙의 힘

사이에서 지역적 합의를 구축하는 것도 아니며, 지역의 사회·문화 규범을 포용하기 위해 보편 원칙을 저버리는 것도 아니다. 이는 서로 다른 문화 속에 연구자와 참여자가 윤리적으로 굳건한 연구를 구축하기 위해 함께하는 것을 의미한다. 이를 **존중이 깃든 협력**(respectful collaboration)이라고 설명할 수 있겠다. 그러면 이것이 어떻게 실천으로 이어지는지 살펴보자.

존중이 깃든 협력의 실천

존중이 깃든 협력의 현실적 출발점은 지역자문위원회(community advisory board, CAB)를 구성하는 것으로, 실제로 캄보디아와 나이지리아에서 진행중인 HIV 연구가 이런 방식으로 진행되고 있다. 이 위원회는 공통의 정체성, 역사, 언어, 문화를 공유하는 지역사회의 사람들로 구성되지만, 연구가 수행되는 지역사회가 문화적으로 다양할 수 있다는 점을 염두에 두고 진행된다. CAB가 소집되면 지역사회 대표자 선정, 지역사회 내 구성원 사이의 권력 관계를 논의한다. 때로는 지역사회의 현안에서 책임을 맡아온 마을 장로 집단의 의견을 반영하여 CAB를 구성할 수 있다. 어떤 경우에는 지역사회 전체의 문제 해결에 책임을 공유하는 넓은 범위의 지역 주민으로 CAB가 구성되기도 한다. 지역사회에 참여할 경우 서구적

12. 지역사회 참여.

동의 개념에 대한 비판적 시선에서 벗어나려면 세 가지 목표를 의식해야 한다.

목표 1: 바람직한 동의 과정에 관한 지식을 조정, 보급하기

지역사회 참여의 첫째 목표는 충분한 설명에 의한 동의와 그 동의를 얻는 과정이 연구 참여자가 소속된 지역 주민에게 적합하도록 만드는 것이다. 지역 주민은 보건의료, 연구, 또는 동의를 얻기 위한 사회적 필요조건 등에 관해 제한적으로 이해하고 있는 경우가 많다. CAB는 서명을 통해 서면으로 동의를 얻는 서구의 방식이 부적절할 수 있다는 점을 분명히 밝혀야 한다. 시간을 들여 서면을 통하지 않는 실질적 접근을 취하는 것이 지역적 실천 방식과 일치할 수 있으며 참여 후보자에게 더 나은 이해를 얻을 수 있다.

참여자에게 모집 이전에 공개해야 하는 정보의 유형도 지역사회 참여를 통해 구성할 수 있다. 그 지역 언어를 사용하거나 정보를 시각적으로 제시하여 관련 의료 절차의 세부적 특징을 직접 설명해야 한다. 일반적인 동의 과정에서 다뤄지지 않는 정보가 있다면 이를 밝힐 필요도 있다. 예를 들어, 의학 연구는 혈액이나 여타 생물학적 표본 채취를 해야 하는 경우가 많다. 이런 표본 분석은 표본을 채취한 비서구 국가보다 더 나은 장비를 갖춘 시설이 있는 선진국에서 수행하는 것이 더 낫다. 그러나 파울리나 틴다나(Paulina Tindana)와 동료들이 아프리카 가나에서 수행한 연구에 따르면, 혈액이나 조직 표본을 채취하여 분석을 위해 다른 나라로 보내는 것은 혈액 생성물과 연관된 지역적 의미 때문에 지역 참여자의 우려를 살 수 있다(아프리카에서는 혈액에 주술적 의미를 부여하는 문화적 맥락 외에, 과거 서구의 연구자들이 이 지역에서 '약탈적'으로 연구를 수행하면서 새긴 '혈액 도둑'이라는 역사적 맥락이 결합하여, 혈액이나 조직 표본을 외국으로 반출하는 행위 자체가 부정의하고 연구에서 발생한 이득을 공유하지 않으려 하는 의도로 비친다고 한다—옮긴이). 만약에 혈액이나 조직 표본의 반출로 인한 우려가 심한 경우에는 그저 동의 과정을 수정하는 것을 넘어 표본 분석을 위해 지역에 장비를 갖춰야 한다는 윤리적 요구로까지 이어질 수 있다.

케냐에 꾸려진 CAB에서는 동의를 얻는 과정에서 연구자가 교육자로서의 역할을 할 수 있음을 보여주었다. 연구를 수행하기 위해 세워진 지역 의학연구 기관에 고용된 인력은 보건의료의 공급에도 연관되어 있을 가능성이 있다. 잠재적 연구 참여자는 연구 수행과 보건의료 공급이라는 역할을 각각 제한적으로 이해하고 있을 수도 있다. 모든 동의 과정에서는 보건의료, 치료, 그리고 치료와 연구 사이의 관계에 대한 기본적 사실을 설명할 필요도 있다.

목표 2: 참여자 모집을 위한 적절한 경로를 투명하게 수립하기

지역사회 참여의 둘째 목표는 참여자 접촉과 모집의 표준 방법을 수정하는 것이다. 중요한 개선점 중 하나는 현지 연구자들이 모집 과정에서 중요한 역할을 하게 된 것이다. 현지 연구자들은 연구 관련 절차, 표본 채취 및 기타 연구 자료 수집을 위해 고용된 지역공동체 구성원이다. 지역 주민과 접촉하여 동의를 얻는 데는 서구 기관의 연구자가 아닌 현지 연구자가 주도권을 쥔다. CAB는 현지 연구자가 그 지역의 가정을 방문하는 것과 같이 미리 허락를 얻어야 할 때 결정을 내리는 데 도움을 준다.

CAB의 지침은 연구자들이 의사결정과 동의 절차를 둘러싼 복잡한 사안을 파악하는 데 큰 역할을 한다. 예를 들어, 지역 관습에 따라 여성이 자신의 건강 문제에 관한 의사결정을 남편 혹은 가족 내의 다른 남자에게 조언을 듣거나 일임해야 하는 상황이라면, 관습을 잘 고려하여 여성이 허락을 받는 과정을 세심하게 준비해야 한다. 일반적으로 현지 연구자들은 함께하는 의사결정(shared decision-making) 절차를 마련할 필요가 있다. 이는 참여 여성에게 의사결정 전반에 대한 통제권을 주지만, 한편으로는 그 여성이 동의하는 한 그의 삶에서 의사결정을 하는 데 흔히 관여하는 다른 사람들을 해당 절차에 참여하도록 한다. 예를 들어, 남편은 아내가 연구에 참여하는 것에 대해 자신의 견해를 밝힐 수 있으며, 아내는 이 견해를 고려하여 참여 결정을 내릴 수 있다. 여기에서 현지 연구자는 여성이 스스로의 가치관과 함께 그 밖의 여러 견해를 고려하여 결정을 내릴 수 있도록 도울 책임이 있다. 아내가 남편이 제시한 관점을 중시하여 연구에 참여하기로 결정하는 것은 얼마든지 타당하다. 여성이 어떤 결정을 내리는 과정에서 이런 식으로 접근할 수 있다면, 이는 참여자의 문화를 충분히 존중하는 것일 뿐 아니라, 참여자가 동의한다면 연구 절차의 피실험자가 되는 것은 참여자 자신이라는 사실 또한 존중하는 것이다.

목표 3: 개인과 지역사회 존중하기

마지막 목표는 지역사회 참여의 내적 요소를 반영한다. CAB를 구성하는 것 자체가 개인 존중이라는 근본적 요구조건을 충족하는 데 도움을 준다. 또한 동의를 수정하는 데 지침이 되기도 하며, 통제 기능을 수행할 수도 있다. 이는 특정 연구에 지역 주민이 참여하는 것이 적절한지 자체를 결정하는 것이다. 이런 방식으로 지역사회 대표자의 관점과 의견을 존중하면 지역 단체는 지역 주민의 입장에 따라 연구 수행의 방향을 정할 수 있는 권위를 지니게 된다. 무엇보다 중요한 점은 CAB가 연구 전반에 긍정적이고 유용한 역할을 맡으면서도 서구의 기부자 및 연구자에게는 독립적인 태도를 유지하며 제안된 연구가 부적절한 경우 그것을 지적할 수 있어야 한다는 것이다.

맥락 속에서 논증 전개하기

지역사회 참여의 결과물인 동의 절차는 서양에서 의학 연구를 수행할 때 택하는 표준 접근법과는 상당히 다를 가능성이 크다. 지역 주민을 존중하는 방식 하나만으로 표준화된 동의 절차를 만들 수는 없다. 동의 절차나 연구의 기본 요건의 근거가 되는 윤리 원칙을 지역적 가치를 우선시하고자 포기할 수 있다는 뜻이 아니다. 참여자 존중 및 연구 참여 여부에 관해 참여자 스스로가 전적으로 통제할 수 있도록 해야 한다는 지침은 유지되어야 하며, 지역 문화 가치와 그 실천에 따르기 위해 할 수 있는 수정에 한계선을 그을 수도 있다.

맥락 속에서 합의된 논증 규칙에 따라 설득력 있는 윤리 논증을 전개할 수 있는지, 그리고 연구자와 CAB가 설정된 논의의 틀에 따를 수 있는지에 연구의 진행이 달려 있다. 지역 주민과 관련된 가치, 믿음, 기대에 관한 사실을 연구자가 특별한 이유 없이 무시해서는 안 된다. 그런 맥락에서 연구자는 결정적으로 영향을 끼치는 윤리적 힘도 마땅히 고려해야 한다. 이는 한 개인의 자율성을 존중하면서 국제 연구윤리 규약에 규정된 여러 가치를 고려해야 한다는 말이다. 참여자에게 위험-이득 비율이 합리적으로 제시되어야 하며, 참여자를 공정하게 대해야 한다. 연구 진행은 사람들 사이의 관계에 달려 있기도 하다. 관련된 여러 사람 사이에서 상호 신뢰와 존중이 이루어지지 않는다면, 논증이 아무리 뛰어나다 해도 협력 연구는 불가능할 것이다.

기술 발전과 문화의 협력 및 충돌이 가져올 문제제기에도 불구하고 의료윤리의 근본 방법론은 살아남을 것이라고 본다. 그러나 내용, 중요한 가치, 각 가치의 비중을 따지는 방법은 항상 엄밀한 검토를 거쳐야 한다. 과거와 마찬가지로 미래 또한 다른 나라다.

제10장

미래 엿보기

기원전 399년이다. 소크라테스는 여러 죄목과 함께 청년들을 타락시켰다고 고발당해 아테네의 법정에 섰다. 그는 유죄 판결을 받는다. 고발자들이 처벌을 제안한다. 소크라테스는 대안을 제시할 권리가 있다. 법정은 둘 중 하나를 선택해야 한다.

소크라테스는 연설을 시작한다.

> 〔고발자들이〕 사형을 요구하고 있습니다. 그렇다면, 좋습니다. 여러분, 나는 여기에 대해서 무슨 형을 제의해야 합니까?…… 나는 무엇보다 여러분이 자기에게 속해 있는 것들에 마음을 쓰기 앞서…… 선량하고 사려 깊은 사람이 되도록…… 설득하고자 했던 것입니다.

소크라테스는 아테네 당국으로부터 공짜 음식을 제공받는 것에 관해 생각해보지만, 이는 법정이 선호할 만한 처벌이 아니다. 그는 현명하게 벌금을 무는 결론을 제시하지만, 끝에 한 마디를 덧붙이는 바람에 법원이 사형을 선고할 가능성을 높인다.

> 그러면 나라 밖으로 추방당하는 형벌은 어떻겠습니까?…… 그렇게 된다면 저의 삶은 기쁨으로 가득찰 것입니다. 여러분은 그동안 나의 언행을 어렵고 싫증나고 참기 어려운 것이라고 생각했고, 이제는 거기서 벗어나려 하겠지요? 그런데 내가 딴 나라로 가게 되면 그곳 사람들이 나의 언행을 견뎌야 할 것입니다.

그는 추방당하는 것을 생각해본다(그리고 거절한다). 하지만 이로움을 위해 토의와 논쟁으로 탐색하는 것을 중단한다. 이 대목에서 그가 남긴 여러 명언 중 하나가 나온다. “따져보지 않는 삶이란 살 가치가 없다.”

의료윤리는 보건의료의 넓은 맥락에서 **따져보는** 삶에 관해 이야기한다. 앞서 살펴본 것처럼, 이 맥락은 우리 모두와 관련이 있다. 누군가는 의사, 간호사, 또는 다른 보건의료인으로 일하고 있거나 일하려고 준비중이다. 누군가는 질병을 앓고 있는 사람들을 돌보는 일을 한다. 누군가는 질환을 앓고 있는 친척이나 친구를 돌보는 역할을 한다. 우리 모두는 어느 순간 병에 걸린다. 그리고 우리 모두는 의료윤리가 엮인 문제를 마주한 사회의 시민이다. 이를테면, 어떻게 보건의료 자원을 소비할 것인지, 심한 정신질환을 앓고 있는 사람을 그 자신과 타인의 보호를 위해 어떻게 대할 것인지, 생식이나 타인의 죽음에 조력하는 데 따르는 한계는 어떻게 설정해야 하는지와 같은 문제이다.

의료윤리는 실천적 학문이다. 특정 상황, 때로 특정 인물에게 옳은 행위란 어떤 것인지를 묻는다. 세계는 정적이지 않으며 새로운 상황이 계속 발생한다. 앞서 언급한 윤리적 추론은 상황에 알고리즘을 적용하는 것이 아니다. 그것은 상상력이 필요하며 여러 상황을 비교하고 대조하는 일이다. 또한 여러 유형의 논증을 활용해야 한다.

의료윤리는 향후에도 계속 발전하고 변화하겠지만 무엇보다도 새로 벌어지는 상황에 크게 좌우될 것이며, 크게 두 가지 유형으로 나눠질 것으로 예상된다. 하나는 과학적·기술적 발전이고, 다른 하나는 사회적·문화적 변화이다.

과학적 · 기술적 발전

유전학적·약학적 발전이 질병과 장애 예방뿐만 아니라 인간 자체를 진화(지능이나 윤리적으로 행위할 수 있는 능력을 향상)시키는 데 이용될 날이 머지않았는지도 모른다. 대개 올바른 교육을 통해 아동의 지적 능력과 윤리적 행동을 개선하는 일이 옳다고 믿지만, 과연 이를 유전자 치료를 통해서 하는 것은 옳을까? 옳다면, 어떤 조건으로 진행해야 하고 법적 규제는 어떻게 해야 할까?

줄기세포 연구는 새롭고 효과적인 치료법을 개발할 가능성을 지니고 있으며 이는 급속도로 현실화되고 있다. 인간을 복제하지 않고도 신장이나 심지어 뇌와 같은 기관을 독립적으로 인간 세포에서, 이를테면 볼에서 채취한 세포에서 만들어낼 수도 있는 것이다. 이러한 기술은 장기이식에서 엄청난 가치를 지닐 것이다.

줄기세포 연구는 곧 동성 부모로부터 인간을 만들어내는 일을 가능하게 할 수도 있다. 심지어 한 명의 '부모'로부터 세포를 채취해 아이를 만들 수도 있다. 인간과 동물을 섞어 새로운 생물을 만드는 것도 가능할 수 있다.

합성 DNA와 같은 생체 활성 요소에 공학 기술을 적용하는 합성 생물학은 무생물의 요소로부터, 자연에서 절대 찾아볼 수 없는 DNA 조각으로부터 생명체를 만들어내는 일을 가능하게 할 것이다.

정보기술과 인공지능의 발달은 의학적 진단과 보건의료 제공에서 컴퓨터와 로봇의 활용을 증가시킬 것이다. 인간 통제와는 독립적으로 학습하고 발전하는 프로그램이 개발되고, 그것이 인간의 정밀한 조사 대상이 될 수 없는 의학적 결정을 내린다면 해명과 책임을 둘러싼 새롭고도 복잡한 이슈가 떠오를 것이다.

강력한 성능을 지닌 컴퓨터가 방대한 크기의 데이터('빅데이터')를 다루고 분석하는 일은 이미 동의, 비밀유지, 소유권과 같은 복잡한 문제를 낳고 있다. 보건의료체계는 환자의 유전적 조성, 병력, 포괄적인 사회경제적 상황에 관한 자료를 수집, 축적, 통합하여 건강 결과를 개선하려는 야심 찬 목표를 향해 움직이고 있다. 그러나 이렇게 만들어진 데이터 집합을 미래에 어떻게 사용할지 모르는 상황에서 환자의 동의를 어떻게 받아야 할지, 또는 환자가 이미 다른 환자의 데이터와 통합되어 분석되고 적용된 자신의 자료에 대해 어떤 주장을 할 수 있는지를 명확하게 규정한 것은 아직 전무하다.

문화적 변화와 국제적 맥락

의료윤리는 지난 수십 년간 서구 국가에서 나타난 중요한 문화적 변화의 일부였으며 개인 권리와 환자 자율성 존중의 중요성을 강조해왔다. 문화적 변화가 이제 멈출 것이라고 가정할 만한 이유는 어디에도 없다. 오히려 그 변화는 점차 가속화되고 있다. 앞의 9장에서는 국제적 맥락에서 진행되는 현대 의료 연구와 관련해 서구 국가에서 마련한 윤리 규약의 우선성과 보편성에 대해 비판적으로 살펴보았다. 앞으로 보건의료를 포함한 우리 삶의 많은 영역에서 이런 국제적 맥락은 점점 더 중요해질 것이다. 이는 특히 문화의 다양한 종교적·사회적·가족적 가치와 실천을 상호 이익이라는 영역 안에서 협조를 이뤄내고자 하는 모든 국가에서 윤리와 관련된 큰 변화로 이어질 것이다.

소셜 미디어는 각기 다른 사회, 다양한 문화 사이에서 의료윤리의 발전 방향에 영향을 끼치고 있다. 저개발국가를 포함한 여러 국가에 사는 사람들이 이전보다 수월하게 정보에 접근하고 공유할 수 있게 되면서 보건의료 접근과 혜택 등의 여러 면에서 더 많은 지식과 권한을 얻을 수 있다. 세계적으로 누구와도 소통할 수 있는 세상에서 자신의 견해를 표출하는 사람들이 점점 더 늘어날수록 의료윤리도 더 많이 알려질 것이다. 이런 과정을 거치면서 갖가지 논쟁이 활발하게 이루어지는 가운데, 한편으로는 각종 매체가 가짜 정보나 뉴스를 퍼뜨릴 수 있는 기반이 됨으로써 전문성을 약화시키고 합리적 논증을 방해할 수 있다는 점도 유의해야 할 것이다.

과거와 현재, 그리고 미래의 차이 속에서도 의료윤리의 근본적 토대는 언제나 유효할 것이라고 본다. 중요한 가치와 여러 가치의 균형을 잡는 방법은 엄밀하게 따져봐야 하며, 이는 시간이 흐르면서 자연스럽게 변화할 것이다. 의료윤리의 핵심에는 추론이 있다. 달리 말해, 의료윤리 자체가 추론이다. 이유를 제시하고, 여러 가지 이유를 관통하는 일관성을 유지하며, 합리적 비판에는 열린 자세를 취하는 일이기 때문이다. 기술 발전과 세계화가 의료윤리에 대해 문제 제기를 하면서 의료윤리는 합리적 논증과 증거 평가 과정을 통해 계속해서 발전할 것이다. 소크라테스가 동시대를 살던 사람들의 믿음에 질문을 던져 자신의 인기를 떨어뜨린 것과 같은 과정을 통해서 말이다.

감사의 말

내게 철학을 소개해준 하트와 로열 셰익스피어 컴퍼니, 철학 교육이 삶에서 가장 자극적인 지적 경험임을 알려준 조너선 글로버, 내 박사학위를 지도해주었으며 경험 과학과 이론적 발상이 창조적 긴장을 이루며 나아갈 수 있음을 보여준 마이크 게이즈, 이 책의 여러 개념에 대해 비판적 지지 논의를 콘퍼런스마다 열어준 뉴욕 마운트시나이 의과대학의 로자먼드 로즈와 동료들, 초판 초고에 대한 예리한 지적으로 내용을 보완할 수 있도록 도와준 아서 쿠플릭, 그리고 나에게 여러모로 영감을 준 아내 샐리, 딸 캐티와 베스, 사위 존 쿨에게 감사를 표한다.(토니 호프)

2판에 대해 여러 면에서 귀중한 조언을 해준 톰 더글러스,

조시 필딩, 헬렌 필스, 마이크 파커에게 감사를 표한다.

낸시 벌린저, 재클린 친, 이사벨 클레어, 니나 던, 카일 에드워즈, 마이클 구스마노, 토니 홀랜드, 조너선 아이브스, 캐밀리아 콩, 굴라마바스 라카, 존 맥밀런, 레아 랜드, 줄리언 사블레스크, 마크 시헌, 앤마리 슬로터, 앤 스튜어트, 재신타 탄, 미미 조우, 그리고 에톡스 센터와 우에히로 센터의 구성원 등 여러 동료, 친구와 나눈 토론으로 자극과 정보를 얻었다.(마이클 던)

이 책을 출간하도록 도와주고 지지와 조언을 주었으며 익명의 검토자들을 연결시켜준 옥스퍼드대학출판부에 감사를 표한다.

끝으로 옥스퍼드 제리코에 있는 옥스퍼드 와인 카페의 직원들에게 감사를 표한다. 그들은 이 책을 쓰는 동안 토론을 위한 공간과 음료를 제공해주었다.

참고문헌

제1장 왜 의료윤리는 흥미로운가?

옛 거장들에 대한 고찰은 W. H. 오든의 시 「미술관에서Musee des Beaux Arts」를 참조했다.

I. Berlin 1953. *The Hedgehog and the Fox*, London: Weidenfeld and Nicolson. 〔이사야 벌린, 강주헌 옮김, 『고슴도치와 여우: 우리는 톨스토이를 무엇이라 부르는가』, 애플북스, 2010〕

Z. Smith 2003. Review. *The Guardian* (London), 1 November, p. 6.

제2장 조력사: 올바른 의료행위인가, 살해인가?

C. Spencer 1996. *Heretic's Feast: A history of vegetarianism*, Dartmouth: University Press of New England.

N. Warburton 2007. *Thinking from A to Z*, 3rd edn. Abingdon: Routledge.

제3장 사고도구함

A. Flew 1989. *An Introduction to Western Philosophy*, London: Thames and Hudson.

R. Gillon 1986. *Philosophical Medical Ethics*. Oxford: Wiley & Sons. 〔래난 길론, 박상혁 옮김, 『의료윤리』, 아카넷, 2005〕

R. Nozick 1974. *Anarchy, State, and Utopia*, New York: Basic Books. 〔로버트 노직, 남경희 옮김, 『아나키에서 유토피아로』, 문학과지성사, 2000〕

N. Warburton 2007. *Thinking from A to Z*, 3rd edn. Abingdon: Routledge.

제4장 존재하지 않는 사람에 관하여, 적어도 아직까지는

L. Sterne 1760. *The Life and Opinions of Tristram Shandy, Gentleman.* London: Everyman Liberary, ch. 1. 〔로렌스 스턴, 홍경숙 옮김, 『트리스트럼 섄디』, 문학과지성사, 2001〕

I. Kennedy and A. Grubb 2000. *Medical Law*, 3rd edn. London: Butterworths, pp. 1272–3.

D. Parfit 1984. *Reasons and Persons*, Oxford: Oxford University Press.

제5장 정신질환에 관한 논쟁

위험한 사람으로부터 사회를 보호하는 것과 관련한 논의에서는 해리엇 매터에게 큰 빚을 졌다.

제6장 조력자 돕기

D. Parfit 1984. *Reasons and Persons*, Oxford: Oxford University Press, p. 281.

제7장 공정한 절차 확립하기

T. Bullimore 1997. *Saved*, London: Time Warner Books.

불리모어 자신이 논하고 있듯이, 비용 계산은 분명하지 않다. 노동력에 대한 시간당 비용, 항공 및 선박 요금까지 모두 계산할 수도 있다. 이러면 수백만 파운드가 나온다. 모든 노동력은 이미 지급된 것이라고 주장할 수도 있다. 따라서 추가 비용은 항공과 선박의 감가상각뿐이다. 구조 작전은 유용한 훈련이었으므로 비용을 잴 수 없다고 말할 수도 있다. 여러 상황에서 보건의료 개입의 비용 측정은 계산에 무엇을 포함시킬 것인가에 관한 다양한 의견에 열려 있다.

제8장 현대 유전학과 시험대에 놓인 의료인의 비밀유지의무

General Medical Council 2017. *Confidentiality: Good Practice in Handling Patient Information*, London: GMC. https://www.gmc-uk.org

M. Parker and A. Lucassen 2001. Revealing false paternity: some ethical considerations. *The Lancet*, 357: 1033-5.

M. Parker and A. Lucassen 2004. Genetic information: a joint account? *BMJ*, 329: 165. M. Parker and A. Lucassen 2018. Using a genetic test result in the care of family members: how does the duty of confidentiality apply? *European Journal of Human Genetics*, https://doi.org/10.1038/s41431-018-0138-y도 참조하라.

제9장 문화, 동의, 공동체

국제 건강 연구와 관련해 기금을 제공하는 곳과 연구를 주관하는 곳을 구분하기 위해 '서구'와 '비서구' 국가라는 표현을 썼다. 제국주의에 관한 지적의 맥락에서, 그 대안으로 다음과 같은 표현을 쓰는 걸 선호한다. '고소득'/'저소득' 국가, '경제 개발'/'경제 저개발' 국가, '지구 북쪽'/'지구 남쪽' 국가. 한스 로즐링은 국제 데이터를 요약하기 위해 소득 수준을 네 가지(수준 1이 가장 빈곤)로 구분하는 것을 선호한다. 케냐와 가나(이 장의 예시에서 주로 연구가 '수행되는' 국가)는 수준 2에 속하며, 미국과 영국(예시에서 주로 '기금을 제공'하는 국가)은 수준 4로 분류된다(https://www.gapminder.org 참조).

D. M. Kamuya, S. J. Theobald, V. Marsh, M. Parker, W. P. Geissler, and S. C. Molyneux 2015. '*The one who chases you away does not tell you go*': silent refusals and complex power relations in research consent processes in coastal Kenya. *PLoS One*, 10(5):e0126671.

P. Tindana, C. S. Molyneux, S. Bull, and M. Parker 2014. Ethical issues in the export, storage and reuse of human biological samples in biomedical research: perspectives of key stakeholders in Ghana and Kenya. *BMC Medical Ethics*, 15: 76.

제10장 미래 엿보기

Plato, *The Apology*. (trans.) Benjamin Jowett. 〔플라톤, 조우현 옮김, 『소크라테스의 변명』, 올재클래식스, 2012〕

독서안내

이 안내가 의료윤리의 '맛보기' 역할을 하여 여러분의 식욕을 돋우길 바란다. 각 장의 세부 주제에 관해 더 읽어볼 만한 책들을 뽑아보았다.

제1장 왜 의료윤리는 흥미로운가?

의료윤리의 방법은 더 일반적인 윤리의 방법과 같다. 세부적 주제가 다를 뿐이다. 그렇긴 해도, 의료윤리는 응용윤리의 하나로서 그 방법론에서 특히 혁신을 일으키고 있는 분야이다. 발전하고 있는 측면은 무엇보다 사회과학으로부터 경험적 방법론을 빌려와서 활용하는 것이다. 경험적 연구와 철학적 분석이 통합될 때 의료윤리 논증의 질이 풍성해질 수 있다. 다음의 두 책은 여러 가지 방법론과 그 활용에 대해 제대로 논의한다.

J. Sugarman and D. Sulmasy (eds) 2010. *Methods in Medical Ethics*, 2nd edn. Georgetown: Georgetown University Press.

J. Ives, M. Dunn, and A. Cribb (eds) 2016. *Empirical Bioethics: Theoretical and Practical Perspectives*, Cambridge: Cambridge University Press.

특정 주제를 잘 개괄하고 유용한 참고문헌 목록을 제시한 책들로는 아래를 들 수 있다.

R. F. Chadwick (ed.) 2011. *Encyclopedia of applied ethics*, 2nd edn. San Diego: Academic Press.

H. ten Have (ed.) 2016. *Encyclopedia of Global Bioethics*, New York: Springer.

H. Lafollette (ed.) 2013. *International Encyclopedia of Ethics*, Oxford: Wiley-Blackwell.

다음의 상호 심사 온라인 공개 백과사전도 훌륭하다.

Internet Encyclopedia of Philosophy (IEP): http://www.iep.utm.edu/

Stanford Encyclopedia of Philosophy (SEP): https://plato.stanford.edu/

대조적인 세 가지의 윤리 이론은 탐구해볼 가치가 있다. '의무론', '공리주의', '덕윤리(virtue ethics)'.

Peter Singer가 엮은 *A Companion to Ethics*, Oxford: Blackwells에 실린 Onora O'Neill (pp. 175-85), Nancy Davis (pp. 205-18), Jonathan Dancy (pp. 219-29)가 쓴 장은 의무 기반 윤리에 관해 명확하고 어느 정도 세세한 설명을 제시하고 있다.

칸트의 도덕 이론에 관한 짧지만 탄탄한 설명은 다음 책에 제시되어 있다.

R. Walker 1998. *Kant and the Moral Law*, London: Phoenix Orion Publishing Group, pp. 39-42.
R. Scruton 2001. *Kant: A Very Short Introduction*, Oxford: Oxford University Press.

공리주의에 관해서는 그 주창자인 제러미 벤담과 존 스튜어트 밀의 핵심적인 글을 다음 책에서 찾아볼 수 있다.
Ryan (ed.) 1987. *Utilitarianism and other Essays: JS Mill and J Bentham*, Penguin: Harmondsworth.

공리주의에 관한 유용한 철학적 분석을 제시하는 명쾌하고 폭넓은 책으로는 아래가 있다.
R. Crisp 1997. *Mill on Utilitarianism*, London: Routledge. 〔로저 크리스프, 엄성우 옮김, 『밀의 공리주의』, 철학과현실사, 2014〕

오늘날 여러 의료윤리학자와 보건의료 전문가는 덕윤리의 접근법이 유용하고 흥미롭다고 생각한다. 다음은 덕윤리적 접근법을 활용한 여러 논문을 모은 책으로 일부는 의료윤리 분야에서 쓰인 것이다.
R. Crisp and M. Slote (eds) 1997. *Virtue Ethics* (Oxford Readings in Philosophy). Oxford: Oxford University Press.

의료윤리 분석에서 선구적 역할을 한 '네 가지 원칙'의 접근에 기초한 의료윤리 교과서를 원한다면 다음 책을 참조하라.

T. L. Beauchamp and J. F. Childress 2013. *Principles of Biomedical Ethics*, 7th edn. New York: Oxford University Press. 〔톰 비첨·제임스 칠드리스, 박찬구·최경석·김수정·인선호·조선우·추정완 옮김, 『생명의료윤리의 원칙들』(제6판), 부크크, 2017〕

의료윤리 전반을 다루는 책에는 다음이 있다.

M. Parker and D. Dickenson 2010. *The Cambridge Medical Ethics Workbook*, 2nd edn. Cambridge: Cambridge University Press. 이 책은 유럽 여러 나라의 보건의료 사례를 분석하는, 교과서와 사례집의 결합이다.

R. E. Ashcroft, A. Dawson, H. Draper, and J. McMillan 2007. *Principles of Health Care Ethics*, 2nd edn. New York: John Wiley. 이 책은 이론, 원칙, 그리고 보건의료에서 흔히 등장하는 윤리적 이슈에 관한 학술적이고 세밀한 백과사전이다.

의대생이나 새내기 의사를 겨냥한 교과서로는 아래를 들 수 있다.

D. Wilkinson, J. Herring, and J. Savulescu 〔2019〕. *Medical Ethics and Law: The Core Curriculum*, 3rd edn. Amsterdam: Elsevier.

P. Davey, A. Rathmell, M. Dunn, C. Foster, and H. Salisbury 2016. *Medical Ethics, Law, and Communication: At a glance*, New York:

Wiley.

학계에서는 생각을 공유하는 데 책과 학술지를 활용한다. 전부는 아니지만 여러 논문은 관심 있는 일반 독자도 접근할 수 있다.
*The Journal of Medical Ethics*는 보건의료 전문가와 철학자 모두를 겨냥한다. 홈페이지도 잘 만들어져 있다. https://jme.bmj.com/
*Clinical Ethics*는 보건의료 전문가를 겨냥하며 경험적 지향이 강하다. http://journals.sagepub.com/home/cet
*The Hastings Center Report*는 다양한 실천 의료윤리와 정책 쪽 논문을 다룬다. https://www.thehastingscenter.org/publications-resources/hastings-center-report/
다음에 열거하는 국제 학술지들은 주로 철학적 관점에서 의료윤리를 다룬다. *Bioethics*; *American Journal of Bioethics*; *The Kennedy Institute of Ethics Journal*; *Medicine, Health Care and Philosophy*; *Cambridge Quarterly of Healthcare Ethics*.

정부 안팎의 여러 단체도 의료윤리 이슈를 다루는 보고서를 발간하고 있다. 주로 정책 수준에서 이슈에 관한 윤리적 틀이나 지침을 제시한다. 이런 단체 중 하나인 영국의 너필드 생명윤리위원회(Nuffield Bioethics Council)는 다양한 범위의 의료윤리 보고서를 발표하고 있다. https://nuffieldbioethics.org/
또다른 단체로는 2009년에 설립되었지만 2017년 트럼프 정부에서 해체된, 생명윤리 이슈 연구에 관한 대통령위원회(Presidential Commission for the Study of Bioethics Issues)가 있다. 보고서는 다음의 홈페이지에 모여 있다. https://bioethicsarchive.georgetown.edu/pcsbi/index.html

*Journal of Applied Philosophy*와 *Journal of Practical Ethics*는 철학 일반을 다룬다. 여기에는 환경윤리, 범죄학, 기업윤리, 의료윤리가 포함된다.

제2장 조력사: 올바른 의료행위인가, 살해인가?

생애 말기에 관한 윤리적 이슈를 다룬 훌륭하고 가독성 높으며 철학적으로 정교한 논의가 다음 책에서 전개되었다.

J. Glover 1977. *Causing Death and Saving Lives*, London: Penguin.

다음은 생애 말기의 의학적 이슈를 다양하게 다룬 유용한 책이다.

D. W. Brock 1993. *Life and Death: Philosophical Essays in Biomedical Ethics*, Cambridge: Cambridge University Press.

다음 책은 살해의 윤리와 생명 중단에서 제기되는 각자의 역할에 관한 논의를 폭넓게 다룬다. 몇몇 장은 안락사, 임신중절, 영아살해에 집중하고 있다.

J. McMahan 2002. *The Ethics of Killing: Problems at the Margins of Life*, Oxford: Oxford University Press.

안락사, 의사 조력 자살에 대해서는 다음의 책들이 좋은 길잡이가 되어줄 것이다.

M. Battin, R. Rhodes, and A. Silvers (eds) 1998. *Physician Assisted Suicide: Expanding the Debate*, New York: Routledge.
E. Jackson and J. Keown 2012. *Debating Euthanasia*, Oxford: Hart.
R. Huxtable 2013. *Euthanasia: All that Matters*, London: Hodder & Stoughton.

만약 중병에 걸린 아이의 생을 중단시킬지를 결정하는 것에 관한 윤리 논증의 임상적 절차를 알고 싶다면, 다음 책이 큰 도움을 줄 것이다.

D. Wilkinson 2013. *Death or Disability? The 'Carmentis Machine' and Decision-making for Critically Ill Children*, Oxford: Oxford University Press.

제3장 사고도구함

논증과 비판적 사고의 철학적 기법을 소개하는 자료는 상당히 많다. 여러 사례를 통해 윤리에서 어떻게 사고할 것인지에 관해 검토하는 명확하고 충실한 책으로 다음이 있다.

A. Thomson 1999. *Critical Reasoning in Ethics*, London: Routledge.

다음 책은 오류의 유형, 타당한 추론을 사전 형식으로 제시하고 있어 유용하다.

N. Warburton 2007. *Thinking from A to Z*, 3rd edn. Abingdon: Routledge.

다음은 형식 논리를 재미있게 소개한 책이다.

G. Priest 2017. *Logic: A Very Short Introduction*, 2nd edn. Oxford: Oxford University Press. 이 책은 연쇄 역설과 미끄러운 비탈길 논증을 잘 설명하고 있다. 간결하고 접근하기 쉬우며, 꽤 기술적인 부분까지 다루고 있다.

생기 넘치지만 겉핥기는 아닌 윤리 및 윤리적 사고 입문서로는 다음을 추천한다.

S. Blackburn 2001. *Ethics: A Very Short Introduction*, Oxford: Oxford University Press.

만약에 한 걸음 떨어져서 보고 싶다면, 즉 윤리에서 철학으로 옮겨가고 싶다면 다음 책을 참조하면 된다.

E. Craig 2002. *Philosophy: A Very Short Introduction*, Oxford: Oxford University Press. 〔에드워드 크레이그, 이재만 옮김, 『철학』, 교유서가,

2015)

철학의 비판적 전통, 즉 논증의 전통은 기원전 6세기 고대 그리스에서 시작했다. 그리스 철학에 대한 훌륭한 개괄은 다음을 참조하라.

J. Annas 2000. *Ancient Philosophy: A Very Short Introduction*, Oxford: Oxford University Press.

플라톤의 세계에 발을 담가 질문자, 연설가 소크라테스를 만나는 것도 좋다. 플라톤 대화편의 출발점으로 '소크라테스 재판과 죽음'을 권한다. 『에우튀프론』, 『소크라테스의 변명』(소크라테스 재판을 다룬 것으로, 서구 문헌의 극적인 걸작 중 하나다), 『크리톤』, 『파이돈』(독미나리가 소크라테스의 몸을 마비시켜가는 가운데, 소크라테스가 마지막 말을 남기며 끝난다). 이들 대화편은 다음에서 확인할 수 있다.

Plato 2002. *Five Dialogues: Euthyphro, Apology, Crito, Meno, and Phaedo*, trans. G. M. A. Grube, 2nd edn. London: Hackett Publishing Company.

제4장 존재하지 않는 사람에 관하여, 적어도 아직까지는

다음은 철학적 관점에서 비동일성 문제를 다룬 첫 책이다.

Parfit D. 1984. *Reasons and Persons* (chapter 16), Oxford: Oxford University Press.

비동일성 문제가 의사에게 끼치는 영향에 대해 분석한 것으로는 다음 논문을 보라.

T. Hope and J. McMillan 2012. Physicians' duties and the non-identity problem. *American Journal of Bioethics*, 12(8): 21-9. 이 논문의 주장에 관해서는 의료윤리학자들이 여러 논의를 남겼다.

자녀의 성격에 대한 선택 가능성이 제기하는 이슈를 흥미롭게 다룬 책으로 다음이 있다.

J. Glover 1984. *What Sort of People Should There Be?* Harmondsworth: Pelican.

J. Glover 2006. *Choosing Children: Genes, Disability, and Design*, Oxford: Oxford University Press.

좀더 대립적인 견해의 논증은 다음 논문에 실려 있다.

J. Savulescu and G. Kahane 2009. The moral obligation to create children with the best chance of the best life. *Bioethics*, 23(5): 274-90.

더 짧고 도발적인 글을 선호한다면 다음을 참조하면 된다.

J. Savulescu 2001. Procreative beneficence: why we should select the best children. *Bioethics*, 15(5/6): 413-26.

R. Sparrow 2010. Should human beings have sex? Sexual dimorphism and human enhancement. *American Journal of Bioethics*, 10(7): 3-12.

다음 두 책은 보조생식이나 최신 유전학과 관련한 여러 이슈의 예시를 담고 있으며, 해당 주제의 문헌을 광범위하게 포괄하고 있다.
R. Deech and A. Smajdor 2007. *From IVF to Immortality: Controversy in the Era of Reproductive Technology*, Oxford: Oxford University Press.
S. Wilkinson 2010. *Choosing Tomorrow's Children: The Ethics of Selective Reproduction*, Oxford: Oxford University Press.

생식의학에서 중요한 윤리적 우려가 제기되는 가장 분명한 영역은 임신중절이다. 다음 책은 임신중절에 관한 주요 견해를 개괄하고 있다.
D. Wilkinson, J. Herring, and J. Savulescu (2019). *Medical Ethics and Law: A curriculum for the 21st Century*, 3rd edn. Amsterdam: Elsevier.

다음의 두 논문은 배아의 윤리적 지위에 초점을 맞추지 않고 임신중절의 윤리성에 관해 논의한다.
J. J. Thomson 1971. A defence of abortion. *Philosophy and Public Affairs*, 1(1). (P. Singer (ed.) 1986. *Applied Ethics*, Oxford: Oxford

University Press에 전재)

R. Hursthouse 1991. Virtue theory and abortion. *Philosophy and Public Affairs*, 20: 223-46. (R. Crisp and M. Slote (eds) 1997. *Virtue Ethics*, Oxford: Oxford University Press, pp. 217-38에 전재).

제5장 정신질환에 관한 논쟁

다음은 윤리와 정신질환의 여러 영역을 다룬 것이다.

S. Bloch and S. A. Green 2009. *Psychiatric Ethics*, 4th edn. Oxford: Oxford University Press.

1960년대 '반정신의학' 운동은 정신질환 개념 전반과 사회가 정신적으로 아픈 사람을 대하는 강압적 방식에 대해 예리하고 잘 쓰인 논저를 여럿 남겼다. 그중 영향력이 큰 책으로는 다음이 있다.

R. D. Laing 1960/1990. *The Divided Self*, London: Penguin Books. 〔로널드 랭, 신장근 옮김, 『분열된 자기: 온전한 정신과 광기에 대한 연구』, 문예출판사, 2018〕

T. Szasz 1960/1984. *The Myth of Mental Illness*, revised edn. New York: Harper Collins.

질병의 개념과 분류에 관한 철학적 이슈는 정신질환 영역에서 가장 많이 논의되었다. *Journal of Medical Ethics*에는 정신건강의학과의 질병 개념, 분류 이슈에 관한 윤리적 분석을 제시한 논문이 여럿 실려 있다.

G. Szmukler 2014. When psychiatric diagnosis becomes an overworked tool. *Journal of Medical Ethics*, 40(8): 517-20.

M. D. Pickersgill 2014. Debating DSM-5: diagnosis and the sociology of critique. *Journal of Medical Ethics*, 40(8): 521-5.

F. Callard 2014. Psychiatric diagnosis: the indispensability of ambivalence. *Journal of Medical Ethics*, 40(8): 526-30.

J. S. Blumenthal-Barby 2014. Psychiatry's new manual (DSM-5): ethical and conceptual dimensions. *Journal of Medical Ethics*, 40(8): 531-6.

N. Bingham and N. Banner 2014. The definition of mental disorder: evolving but dysfunctional? *Journal of Medical Ethics*, 40(8): 537-42.

정신건강의학을 정치적 목적으로 오용, 남용하는 것에 관한 논의의 출발점으로 다음 글을 추천한다.

P. Chodoff 2009. The abuse of psychiatry, in S. Bloch and S. A. Green (eds), *Psychiatric Ethics*, 4th edn. Oxford: Oxford University Press.

이 장에서 논의하진 않았지만, 정신요법 행위가 불러오는 여러 윤리적 이슈가 있다. 다음은 이를 세세히 논한 책이다.

J. Holmes and R. Lindley 1998. *The Values of Psychotherapy*, revised edn. London: Karnac Books.

제6장 조력자 돕기

치매에 걸린 사람을 돌보고 치료하는 데 따르는 여러 윤리적 이슈를 잘 요약한 자료로는 다음이 있다.

Nuffield Council on Bioethics 2009. *Dementia: Ethical Issues*, London: Nuffield Council on Bioethics.

지역사회, 시설 거주자, 그리고 장기 돌봄의 윤리에 관한 좀더 일반적인 분석을 제시한 문헌도 있다. 다음은 장기 돌봄에 의료윤리의 가치와 원칙을 적용할 경우 어떻게 수정, 개선해야 하는지를 검토했다.

G. Agich 2003. *Dependence and Autonomy in Old Age: An Ethical Framework for Long-term Care*, Cambridge: Cambridge University Press.

T. Hope and M. Dunn 2014. The ethics of long-term care practice: a global call to arms, in A. Akabayashi (ed.), *The Future of Bioethics: International Dialogues*, Oxford: Oxford University Press.

장기 돌봄의 윤리에 관한 논저는 돌봄 자체의 윤리적 중요성을 강조하는 윤리 이론을 통해 논의를 펼치곤 한다. '돌봄 윤리'에 관한 문헌은 윤리와 밀접하게 연관되어 있으며 그 폭은 상당히 넓다. 개론으로 다음을 추천한다.

R. Tong 1998. The ethics of care: a feminist virtue ethics of care for healthcare practitioners. *Journal of Medicine and Philosophy*, 23(2): 131-52.

V. Held 2005. *The Ethics of Care: Personal, Political, and Global*, Oxford: Oxford University Press.

J. C. Tronto 2014. Care ethics. *The Encyclopedia of Political Thought*, Oxford: Wiley-Blackwell, pp. 442-3.

치매로 인한 인지 변화는 인격에 관한 질문을 제기한다. 알츠하이머 유럽(Alzheimer Europe)이 발표한 보고서에 이 이슈가 잘 요약되어 있다.

Alzheimer Europe 2013. *Personhood*, https://www.alzheimer-europe.org/Ethics/Definitions-and-approaches/Other-ethical-principles/Personhood

인격에 관한 질문은 치매에 걸린 사람의 이익을 어떻게 개념화할 것인지와 연결되어 있다. 치매에 걸린 사람의 이익을 이해하는 방법에 관한 짧은 논증을 다음에서 찾아볼 수 있다.

Nuffield Council on Bioethics 2009. *Dementia: Ethical Issues*, London: Nuffield Council on Bioethics.

다음은 이 논쟁에서 매우 중요한 논증과 반론이다.

R. Dworkin 1993. *Life's Dominion: An Argument about Abortion, Euthanasia, and Individual Freedom*, New York: Knopf. 〔로널드 드워킨, 박경신 옮김, 『생명의 지배영역: 낙태, 안락사 그리고 개인의 자유』, 로도스, 2014〕

R. Dresser 1995. Dworkin on dementia: elegant theory, questionable policy. *Hastings Center Report*, 25(6): 32-8.

제7장 공정한 절차 확립하기

이 장에서 설명한 자원 분배 의사 결정에서 공평함을 확립하기 위한 절차적 접근을 옹호한 것은 노먼 대니얼스와 제임스 세이빈이 쓴 논문이다.

N. Daniels and J. E. Sabin 1997. Limits to health care: fair procedures, democratic deliberation, and the legitimacy problem for insurers. *Philosophy and Public Affairs*, 26: 303-50.

N. Daniels and J. E. Sabin 2008. Accountability for reasonableness: an update. *BMJ*, 337: a1850.

이 접근법은 존 롤즈가 전개한 정의에 관한 보편적 접근법으로부터 큰 영향을 받았다.

J. Rawls 1971. *A Theory of Justice*, Cambridge, MA: Harvard

University Press. 〔존 롤즈, 황경식 옮김, 『정의론』, 이학사, 2003〕

노직의 책은 정의 이론에 자유주의적으로 접근한 것으로 유명하다. 이 책은 경험 기계 사고 실험을 소개하고 있기도 하다.

R. Nozick 1974. *Anarchy, State, and Utopia*, New York: Basic Books. 〔로버트 노직, 남경희 옮김, 『아나키에서 유토피아로』, 문학과지성사, 1997〕

롤즈 및 노직의 입장에 반대하는 정의론적 입장으로 잘 알려진 코헨은 사회주의적 설명에 기대고 있다.

G. Cohen 1995. *Self-Ownership, Freedom and Equality*, Cambridge: Cambridge University Press.

정의론에 관한 또다른 이론을 이해하기 쉽게 설명한 책으로는 다음이 있다.

M. Sandel 2008. *Justice: What's the Right Thing to Do?*, London: Penguin. 〔마이클 샌델, 김명철 옮김, 『정의란 무엇인가』, 와이즈베리, 2014〕

이 장에서 제시한 "구조 원칙"에 반대하는 논증은 다음에 실려 있다.

T. Hope 2001. Rationing and life-saving treatment: should identifiable patients have higher priority? *Journal of Medical Ethics*, 27(3): 179-85.

다음의 두 논문도 구조 원칙에 반대하는 논증으로 주목할 만하다.

J. McKie and J. Richardson 2003. The rule of rescue. *Social Science and Medicine*, 56(12): 2407-19.

M. Verweij 2015. How (not) to argue for the rule of rescue: claims of individuals versus group solidarity, in I. G. Cohen, N. Daniels, and N. Eyal (eds), *Identified versus Statistical Lives: An Interdisciplinary Perspective*, New York: Oxford University Press.

구조 원칙을 옹호하는 주장으로서 주목할 만한 것은 다음 두 가지다.

M. Sheehan 2007. Resources and the rule of rescue. *Journal of Applied Philosophy*, 24(4): 352-66.

T. Rulli and J. Millum 2016. Rescuing the duty to rescue. *Journal of Medical Ethics*, 42(4): 260-4.

보건의료 분배에 관한 최근 이슈를 광범위하게 다루는 실천적·이론적 논문을 모은 책으로는 다음이 있다.

A. Coulter and C. Ham (eds) 2000. *The Global Challenge of Health Care Rationing*, Buckingham: Open University Press.

M. Battin, R. Rhodes, and A. Silvers (eds) 2013. *Medicine and Social Justice: Essays on the Distribution of Health Care*, New York: Oxford University Press. 이 책은 대서양 양편에서 나타나는 관점을 모두 제시하고 있다.

P. M. Rosoff 2017. *Drawing the Line; Healthcare Rationing and the Cutoff Problem*, New York: Oxford University Press. 이 책은 미국 보

건의료의 맥락에서 보편적 보건의료 모형에 호의적인 방향으로 분배 문제를 분석하고 있다.

킹스 펀드는 영국의 맥락에서 비용 효과와 건강 정책에 관한 세밀한 분석을 수행하여 관련 보고서를 여럿 발표했다. 영국에서의 자원 분배에 관한 내용을 잘 개괄한 자료로는 다음이 있다.

D. Buck and A. Dixon 2013. *Improving the Allocation of Health Resources in England: How to Decide Who Gets What*, London: The King's Fund. https://www.kingsfund.org.uk/sites/default/files/field/field_publication_file/improving-the-allocation-of-health-resources-in-england-kingsfund-apr13.pdf

영국의 자원 분배와 관련한 윤리 원칙 집합을 더 직접적으로 표현한 것으로는 다음이 있다.

M. Sheehan and T. Hope 2012. Allocating health care resources in the UK: putting principles into practice, in M. Battin, R. Rhodes, and A. Silvers (eds) 2012. *Medicine and Social Justice: Essays on the Distribution of Health Care*, New York: Oxford University Press, ch. 17.

제8장 현대 유전학과 시험대에 놓인 의료인의 비밀유지의무

유전학과 새로운 생명공학 기술이 제기하는 윤리적 이슈는 의료윤리에서 새로 떠오르는 분야다. 다음은 윤리와 유전학에 관한 훌륭한 책이다.

A. Buchanan, D. W. Brock, N. Daniels, and D. Wikler 2000. *From Chance to Choice: Genetics and Justice*, Cambridge: Cambridge University Press.

너필드 생명윤리위원회가 발표한 최근의 두 보고서는 갖가지 새로운 생명공학 기술이 제기하는 윤리적 이슈를 개괄하고 있다.

Nuffield Council on Bioethics 2012. *Emerging Biotechnologies: Technology, Choice and the Public Good*, London: Nuffield Council on Bioethics. http://nuffieldbioethics.org/project/emerging-biotechnologies

Nuffield Council on Bioethics 2013. *Novel Neurotechnologies: Intervening in the Brain*, London: Nuffield Council on Bioethics. http://nuffieldbioethics.org/project/neurotechnology

유전 공학의 활용에 반대하는 내용을 담은 경우로 가장 유명한 것은 다음 책이다.

M. J. Sandel 2007. *The Case against Perfection*, Cambridge, MA: Harvard University Press. 〔마이클 샌델, 이수경 옮김, 『완벽에 대한 반론』, 와이즈베리, 2016〕

새로운 생명공학 기술의 가능성을 향한 윤리적 비판은 우생학에 대한 우려와 연결되어 있다. 다음의 첫 책은 우생학의 역사를 잘 설명하고 있으며, 그다음 논문은 우생학을 새로운 생명공학 기술의 발전과 관련하여 검토하고 있다.

D. J. Kevles 1995. *In the Name of Eugenics: Genetics and the Uses of Human Heredity*, Cambridge, MA: Harvard University Press.

D. Wikler 1999. Can we learn from eugenics? *Journal of Medical Ethics*, 25(2): 183-94.

어떤 해설가는 유전 공학의 발전이 장애가 있는 사람의 삶에 끼칠 차별적 영향이라는 이슈를 다룬다. 이 관점에서 쓴 논저로 다음이 있다.

E. Parens and A. Asch (eds) 2000. *Prenatal Testing and Disability Rights*, Washington, DC: Georgetown University Press.

E. Parens and A. Asch 2003. Disability rights critique of prenatal genetic testing: reflections and recommendations. *Mental Retardation and Developmental Disabilities Research Reviews*, 9(1): 40-7.

너필드 생명윤리위원회는 태아의 유전적 조성에 관한 정보를 획득하는 새로운 비침습적 방법과 관련한 산전 검사의 윤리를 둘러싼 분석을 갱신했다.

Nuffield Council on Bioethics 2017. *Non-invasive Prenatal Testing: Ethical Issues*, London: Nuffield Council on Bioethics.

유전학이 매일의 진료와 통합되어가는 과정, 그리고 임상 유전학 분야에서 일하는 이들 사이에서 제기되는 윤리적 이슈에 관해서는 다음을 참조하라.

M. Parker 2013. *Ethical Problems and Genetics Practice*, Cambridge: Cambridge University Press.

제9장 문화, 동의, 공동체

이 장은 의료윤리 분야에서 오랫동안 논쟁 대상이었던 내용을 다루었다. 3장에서 정리한 윤리 원칙이 보편적인 것인지, 아니면 '서양' 보건의료 환경에서만 통하는 것인지 말이다. 여러 논증은 '서양'과 '아시아'의 윤리 이론, 가치, 원칙 사이의 상대적 차이를 놓고 진행되었다. 이 논쟁에 대해 더 파고들고 싶다면, 다음 논문을 참조하면 된다. 일단 한쪽 편에 선 논문이다.

H. Widdows 2007. Is global ethics moral neo-colonialism? An investigation of the issue in the context of bioethics. *Bioethics*, 21(6): 305-15.

H. Widdows 2011. Western and Eastern principles and globalised bioethics. *Asian Bioethics Review*, 3(1): 14-22.

위와 반대편에 선 논문으로는 다음이 있다.

S. Chattopadhyay and R. de Vries 2008. Bioethical concerns are global, bioethics is western. *Eubios: Journal of Asian and International Bioethics*, 18(4): 106-9.

다문화주의 맥락에서 그러한 논증을 진행한 예로는 다음이 있다.

C. Durante 2018. Bioethics and multiculturalism: nuancing the discussion. *Journal of Medical Ethics*, 44(2): 77-83.

위 논문에 대한 응답으로는 T. L. Beauchamp 2018. Comments on Durante's account of multiculturalism. *Journal of Medical Ethics*, 44(2):84-5를 참조하라.

이 장에서 옹호한 입장은 비교문화적 논증의 중요성을 강조하는 것이다. 이런 접근의 좋은 예시로는 다음 책이 있다.

A. Akabayashi (ed.) 2014. *The Future of Bioethics: International Dialogues*, Oxford: Oxford University Press.

다른 국제적 맥락에서 지역사회 구성원과 더불어 대화 및 참여를 수행하는 의료윤리학자의 구체적 진행 과정을 분석한 글로는 다음이 있다.

V. M. Marsh, D. M. Kamuya, A. M. Mlamba, T. N. Williams, and S. S. Molyneux 2010. Experiences with community engagement and informed consent in a genetic cohort study of severe childhood diseases in Kenya. *BMC Medical Ethics*, 11:13.

P. Y. Cheah, K. M. Lwin, L. Phaiphun, L. Maelankiri, M. Parker, N. P. Day, N. J. White, and F. Nosten 2010. Community engagement on the Thai-Burmese border: rationale, experience and lessons learnt. *International Health*, 2(2): 123-9.

이 장에서 우리는 비서구 환경에서 의학 연구를 진행하는 것은 연구 수행 방법에 대한 도전을 제기한다는 점을 탐구했다. 국제 지침은 이런 윤리적 도전을 다뤄서 의학 연구에 조화를 가져올 수 있도록 노력하고 있다. 국제 연구윤리에서 주도적인 최신 지침으로는 다음 두 가지를 꼽을 수 있다.

The Council for International Organizations of Medical Sciences 2016. *International Ethical Guidelines for Health-related Research Involving Humans*, Geneva: CIOMS.

World Medical Association 2013. *Declaration of Helsinki: Ethical principles for medical research involving human subjects*, Ferney-Voltaire: WMA.

이 이슈에 관해 포괄적이고 훌륭한 개요를 제시하는 더 학술적인 보고서로는 다음이 있다.

Nuffield Council on Bioethics 2002. *The Ethics of Research Related to Healthcare in Developing Countries*, London: Nuffield Council on Bioethics. http://nuffieldbioethics.org/project/research-developing-countries/

새 지침과 관련하여 이 이슈를 검토한 후속 보고서도 있다.

Nuffield Council on Bioethics 2005. *The Ethics of Research Related to Healthcare in Developing Countries: A Follow Up Paper*, London: Nuffield Council on Bioethics. http://nuffieldbioethics.org/project/research-developing-countries-follow

제10장 미래 엿보기

미래를 살짝 엿본 결과, 개발중이거나 미래의 임상 적용 가능성이 있는 의학의 과학적·기술적 발전과 관련한 윤리적 이슈를 탐구하는 데 윤리학자가 상당한 노력을 기울이고 있음을 알 수 있었다.

유전학 및 약학의 발전에 기반을 둔 방법은 질병이나 장애를 예방하는 것뿐 아니라 인간을 증강하는 데도 사용될 것이다. 예를 들어, 지능 향상, 윤리적 행동 능력 향상 등이 있다. 우리 대다수는 훌륭한 교육을 통해 아동의 지적 능력을 증진하는 것이 옳다고 생각한다. 유전자 치료를 통해 아동의 지적 능력을 증진하는 것은 옳은가? 증강 기술에 호의적인 논증에는 다음이 있다.

N. Agar 2004. *Liberal Eugenics: In Defence of Human Enhancement*, Oxford: Blackwell.

J. Harris 2007. *Enhancing Evolution: The Ethical Case for Making Better People*, Princeton, NJ: Princeton University Press.

N. Bostrom and T. Ord 2006. The reversal test: eliminating status quo bias in applied ethics. *Ethics*, 116(4): 656-79.

A. Buchanan 2008. Enhancement and the ethics of development. *Kennedy Institute of Ethics Journal*, 18(1): 1-34.

A. Buchanan 2011. *Beyond Humanity? The Ethics of Biomedical Enhancement*, Oxford: Oxford University Press.

위의 문헌에서 다루어진 논증에 대한 응답으로는 다음을 참고하면 된다.

R. Sparrow 2011. A not-so-new eugenics, *The Hastings Center Report*, 41(1): 32-42.

M. Sandel 2004. The case against perfection: what's wrong with designer children, bionic athletes, and genetic engineering? *The Atlantic Monthly*, 292(3): 51-62.

최근의 논증을 포괄적으로 요약한 것으로는 다음이 있다.

J. Savulescu and N. Bostrom 2010. *Human Enhancement*, Oxford: Oxford University Press.

또다른 요약으로는 다음을 추천한다.

T. Douglas 2013. Biomedical enhancement, in H. LaFollette (ed.), *International Encyclopedia of Ethics*, Oxford: Wiley-Blackwell.

최근 10년 사이에 유전자 조작이 나타났고 최근 몇 년간 유전자 조작 방법인 CRISPR-Cas 9이 과학 연구에서 광범위하게 사용되기 시작했다. 이 기법은 의학, 농학, 산업에서 폭넓은 적용 가능성을 지니고 있다. 유전자 조작은 살아 있는 세포에서 선택한 DNA 순열을 변경하고, 유전자가 기능하는 방식에 영향을 끼치는 것을 포함한다. 이 기술의 향후 적용과 관련한 윤리 이슈에 대한 포괄적 요약으로는 다음을 참조하면 된다.

Nuffield Council on Bioethics 2016. *Genome Editing: An Ethical Review*, London: Nuffield Council on Bioethics.

National Academy of Sciences, Engineering and Medicine 2017. *Human Genome Editing: Science, Ethics, and Governance*, Washington, DC: The National Academies Press.

유전자 조작에 호의적인 논증으로는 다음이 있다.

C. Gyngell, T. Douglas, and J. Savulescu 2016. The ethics of germline gene editing. *Journal of Applied Philosophy*, https://doi.org/10.1111/japp.12249

줄기세포 연구도 새롭고 효과적인 치료를 가져올 가능성이 있으며, 조기에 실현될 수도 있다. 이런 연구를 수행하는 것은 윤리적 이슈를 낳는다. 다음을 참조하면 된다.

K. Devolder 2015. *The Ethics of Embryonic Stem Cell Research*, Oxford: Oxford University Press.

인간 세포(예를 들어 인간의 볼 세포)로부터 인간을 만들지 않고 인간 장기만 따로 만들 수도 있다. 이런 장기는 장기이식에서 엄청난 가치를 지닌다. 같은 성별의 부모로부터, 심지어 한 '부모'의 세포로부터 아이를 만드는 것도 가능할 것이다. 더 나가면 인간과 동물을 결합하여 새로운 생물을 만들 수도 있다. 이런 가능성에 관한 윤리적 논의로는 다음을 보면 된다.

T. Douglas, C. Harding, H. Bourne, and J. Savulescu 2012. Stem cell research and same-sex reproduction, in M. Quigley, S. Chan, and J. Harris (eds), *Stem Cells: New Frontiers in Science and Ethics*, London: World Scientific.

R. Streiffer 2010. Chimeras, moral status, and public policy: implications of the abortion debate for public policy on human/nonhuman chimera research. *The Journal of Law, Medicine & Ethics*, 38: 238-50.

R. Sparrow 2014. In vitro eugenics. *Journal of Medical Ethics*, 40:

725-31.

합성 생물학은 인공 생물체를 만드는 것을 포함하며 합성 DNA나 생물 컴퓨터 시스템 같은 예가 있다. 윤리적 우려는 이런 적용의 위해와 이득, 그리고 인간, 자연, 과학 사이의 변화하는 관계에 관한 질문을 다룬다. 광범위한 윤리적 분석이 다음 문헌에 제시되어 있다.
G. E. Kaebnick and T. H. Murray 2013. *Synthetic Biology and Morality: Artificial Life and the Bounds of Nature*, Cambridge, MA: MIT Press.

마지막으로, 컴퓨터와 인공지능의 발전은 보건의료 맥락에서 다양한 적용 가능성을 제기하고 있다. 빅 데이터 자료 분석은 사람들의 건강 경험과 개인의 배경을 망라하는 넓은 범위의 정보를 함께 다룬다. 환자들은 이런 자료의 소유권을 지니는가? 자료는 의료 시스템 안에서 어떻게 다뤄져야 하는가? '딥 러닝' 기술의 발전은 의사가 건강에 관한 의사결정을 내리던 것에서 더 나은 진단과 치료 관리를 위해 컴퓨터 알고리즘에 결정을 넘겨주는 것을 실현하는 방법으로 다가오고 있다.
보건의료에서 제기되는 빅 데이터의 윤리에 관한 개괄은 다음 문헌에 제시되어 있다.
B. D. Mittelstadt and L. Floridi (eds) 2016. *The Ethics of Biomedical Big Data,* Dordrecht: Springer.

인공지능의 과학적·의학적 적용에 관한 윤리적 논쟁에 관해선 다음을 참조하면 된다.

S. Russell, S. Hauert, R. Altman, and M. Veloso 2015. Robotics: ethics of artificial intelligence. *Nature*, 521: 415-18.

보건의료 및 여타 환경에서의 알고리즘에 관한 윤리적 분석은 다음에 실려 있다.

B. D. Mittelstadt, P. Allo, M. Taddeo, S. Wachter, and L. Floridi 2016. The ethics of algorithms: mapping the debate. *Big Data and Society*, 3: 1-21.

역자 후기

학생 때 윤리적인 진료를 해야 한다는 이야기는 들었던 것 같다. 이제는 은퇴하신 한 교수님이 본인 마음에 들지 않는 진료 사진을 보여주면서 했던, '이렇게 진료하는 비윤리적인 의사가 되면 안 된다'는 이야기도. 그런 영역이 의료윤리라고 생각했기에, 무척 재미없는 영역이라고 여긴 기억이 난다.

많은 사람이 의료윤리라는 말을 들을 때 드는 생각도 별반 차이는 없으리라. 더구나 오랫동안 국가 주도의 도덕 교육을 받아온 우리에게, 윤리란 바른 삶을—더 엄밀히 말해 국가가 요구하는 올바른 국민으로서의 임무를 수행하는 삶을—강요하는 사회의 회초리 같은 것이라는 이미지가 강하다.

그런 요소가 있음을 애써 부정하고 싶지는 않다. 최소한 지금도 우리가 특정 맥락에서 의료윤리를 말할 때, 누군가의 잘못된 행위를 가리켜 그를 단죄하거나 최소한 그 행위가 일탈이라고, 따라서 그는 '비윤리적'이며 '의료윤리도 모르는 녀석'이라고 지적하기 위한 목적에서 의료윤리가 거론될 때는 그렇다. 아니, 많은 사람이 의료윤리를 그런 의미로 사용하고 있으며, '의사가 히포크라테스 선서도 모르는 것 같다'라고 말할 때 그것은 의사의 행위가 자신이 생각하는 사회적 규범에 들어맞지 않을뿐더러 성직(聖職)으로서의 의사에게 요구되는 가치들, 예컨대 봉사와 헌신을 보이지 않는다는 비난이다. 하지만 히포크라테스는 무엇이라고 말했던가. 의료윤리는 어떤 분야이기에 비난을 위한 이름표로 사용되는가.

정말 우연한 기회에 의료윤리를 공부하게 된 나는, 의료윤리라는 분야가 내가 가지고 있던 고정관념과 달라서 너무 놀랐다. 현대 의료윤리학이라고 하는 학문은 결코 고대의 누군가를 소환하여 특정 직업을 비난하는 분야가 아니다. 오히려 그것은 의료라는, 현대사회에서 결코 피할 수 없는 두려운 빛을 발하는, 성취와 좌절의 역사가 만들어낸 장치 앞에서 한 개인이 어떻게 하면 자신을 지킬 수 있을 것인가를 이야기하는 통로다. 이 책 『의료윤리』가 잘 다루고 있는 것처럼, 환자와 의료인은 의료윤리를 통해 자신을 지켜낼 주장을 세우고, 다른 사람에게 전달할 수 있다. 그것은 의료인의 편에서 환자에게

시혜적으로 베푸는 온정이 아니며, 사회가 노동을 정상으로, 질환을 비정상으로 놓고 환자 역할을 부여하여 어서 빨리 나아서 다시 정상 상태로 회귀하는 데 필요한 여러 규범적 조건을 강제하기 위한 방법이 아니다.

의료윤리는 아직 젊은 분야다. 논의가 본격적으로 시작된 것이 1970년대이니 외국에서도 그 역사는 채 50년이 되지 않았다. 더구나 국내는 1990년대 말에 보라매병원 사건으로 연명 의료 중단 관련 논의가 시작되었고 2000년대 초에는 황우석 사태로 연구윤리 분야가 논쟁을 불러일으켰으므로, 아직 20년밖에 되지 않았다. 여러 교수님과 선배들의 노력으로 의료윤리 분야가 자리를 잡아가고 있긴 하지만, 그것은 여전히 보건의료 계열의 찻잔 속 태풍일 뿐, 아직 대중과 사회에 익숙해지는 데는 상당한 시간이 필요할 것이다. 하지만 앞서 말한 것처럼, 의료윤리적 논의는 의료인만의 것이 아니다. 우리는 모두 아팠고 아프며 아플 사람으로서, 의료라는 장치를 어떻게 대할 것인지 각자 나름의 견해를 지녀야 하고, 그 견해를 어떻게 조율할 수 있을지 고민해봐야 한다. 그저 어느 나라의 의료제도가 좋다거나 국가가 이런 부분을 챙겨야 한다고 말하는 것은 의료를 그저 남의 일로, 다른 사람이 결정한 것을 수동적으로 받아들이는 절차로 놓아둘 뿐이다. 결국, 의료를 통해 도움을 구하고 치료를 받는 것은 다른 누가 아닌 나이다.

단, 의료는 다른 상품이나 제도보다 훨씬 나의 선택과 결정이 다른 사람과 긴밀하게 연결되어 있고, 내 결정이 다른 사람에게 많은 영향을 미치며, 심지어 내가 다른 사람에게 돌아갈 수도 있었던 기회를 누리게 되는 일이 자주 있다. 그렇다면, 의료적 결정은 나만을 따져볼 수는 없기에, 다른 사람들과 종합적으로 이 모든 생각을 나눌 수 있어야 한다.

예컨대, 의료윤리를 회자하게 만드는 큰 주제인 연명의료 중단과 임신중절은 어떤가? 이 또한 우리는 '윤리 전문가'가 어떤 결정을 내려주길 못내 기다리고 있는지도 모르겠다는 생각이 들 때도 있지만, 의료윤리는 그런 상황 앞에서 각 주체가 자기 견해를 세우도록 요청하고, 서로 경쟁하는 견해 중 어느 쪽을 선택하는 것이 각자와 모두를 위해, 더 나은 미래를 위해 필요한지 결정할 수 있도록 돕는다. 연명 의료 중단을 놓고 아무리 공격적인 치료라도 다 받아서 하루라도 환자와 더 같이 있고 싶은 가족과 그것이 환자에게 오히려 고통만을 안겨줄 뿐이라는 의료인 사이 견해의 차이가 있을 때 각자의 생각을 정리해서 논의의 장으로 내놓고, 이견을 조율하도록 하는 것이 의료윤리다. 임신중절을 놓고 전통이 부정할 때, 여성의 신체적 자유와 부모의 재생산권을 꺼내 임신중절이 허용되는 사례가 있음을, 그것이 누군가에 도움을 줄 수 있음을 보여주는 것이 의료윤리다. 하나의 답이 있어서 모두가 그것에 따라야 한다고 주장하는 것은 의료윤리의 논의 과정에서 나타나는 하나의 견해일 수는 있으나, 그것 자체가 의료윤리는 아니다.

이 책은 이런 의료윤리의 접근을 훌륭하게 잘 요약해 놓았으며, 윤리적 추론을 어떻게 전개하는지, 이를 사례에 적용하였을 때 어떤 점들을 생각해봐야 하는지 쉽고 명료하면서도 중요한 부분들을 잘 제시하고 있다. 이 책의 내용이 완전하지는 않다. 현대 의료윤리의 담론이 전개되기 시작한 1970년대 이래로 나온 여러 이슈를, 아니 수천 년 인류의 역사와 함께해 온 의료라는 영역에서 윤리적 고민을 했던 여러 사람의 생각을 이 얇은 책 안에 다 담을 수 있다고 누구도 생각하지 않을 것이다. 그러나, 이 책은 그런 접근을 위한 기초를 마련하고, 더 찾아보기 위한 준비를 시키는 데에 있어 충분한 역할을 감당할 것이다.

2004년에 나왔던 이 책의 초판은 2011년 『안락사는 살인인가: 사례로 만나는 의료윤리의 쟁점들』이라는 제목으로 국내에 소개된 바 있다. 이번 개정판에 참여한 마이클 던은 최근 생명윤리 분야에서 새로운 바람을 일으키고 있는 연구방법론인 경험적 생명윤리(empirical bioethics)에 관한 이론적 논의와 유전학 등 최근 생명 기술의 발전이 제시하는 변화에 여러 목소리를 내온 학자로, 새로 개정된 이 책에 새로이 다채로운 색감을 더해 흥미로우면서도 내용을 잘 전달하는 책이 되는 데 크게 기여했다. 개인적으로 의료윤리 강의를 위해 이 책을 소개하고 싶었는데, 교유서가 신정민 대표 덕에 국내에 개정판을 알릴 수 있게 되었다. 이 자리를 빌려 감사를 표한다.

생물학과 생명공학, 정보 처리 기술 등의 발전으로 우리는 더 많은 의료윤리 이슈를 앞둔 시대를 걷고 있다. 이 책이 가볍게 살핀 유전학도 그렇지만, 개인 정보나 인공지능, 의료 신산업 등 주목받고 있는 수많은 기술과 노력이 의료윤리적 논의를 필요로 한다. 이 책이 그런 논의를 고민하는 많은 분들에게 작은 길잡이가 되기를 바란다.

독서안내

의료윤리 분야는 국내에 아직 많은 책이 소개되지 않았다. 그것은 이 분야의 짧은 역사를 반영하기도 하지만, 아직 의료윤리적 논의가 절실한 것으로 다가오지 않는 탓도 있다. 하지만 그것은 필요 없어서가 아니라 아직 알려지지 않아서 그런 것뿐이다.

일반 윤리학 이론을 수정, 발전시킨 의료윤리학의 이론적 접근으로 크게 원칙주의, 덕윤리, 결의론, 서사 윤리를 꼽을 수 있다. 먼저, 의료윤리학의 기본을 살피고 싶다면, 비첨과 칠드리스 두 의료윤리학자가 현대 의료윤리학을 연 원칙주의를 제시하고 다듬어간 『생명의료윤리의 원칙들』(6판)을 참조하기 바란다. 환자 자율성, 선행, 악행 금지, 정의의 4원칙은 비판도 많이 받았지만 그만큼 의료윤리 전반에 큰 영향을 끼쳤다. 여기에서 덕윤리란 이전 윤리학 이론이 행위와 결과에 초점을 맞춘 것과 달리 행위자에 초점을 맞춘 접근 방식으로, 아리스토텔레스의 윤리 이론을 현대적으로 재해석한 것이다. 매킨타이어가 쓴 『덕의 상실』이 그 출발점이지만 국내에 이름을 알린 것은 아무래도 마이클 샌델의 『정의란 무엇인가』일 것이다. 덕윤리는 개인 윤리에, 샌델 등이 주장하는 공동체주의는 사회 윤리에 초점을 맞춘다는 차이가 있으나 큰 궤에서는 같은 접근법에 속한다.

결의론이란 이전에 결정된 전형 사례(paradigm case)와 새로이 문제가 된 현 사례 간의 유사점과 차이점을 통해 사례에 접근하는 방식이다. 로마 시대에 꽃을 피웠으나 한동안 잊혔던 이 접근법을 현대 의료윤리가 되살렸다. 앨버트 존슨과 스티븐 툴민이 쓴 『결의론의 남용: 도덕 추론의 역사』가 그 주춧돌 역할을 했다. 서사 윤리란 의료윤리 사례에 접근하면서 사례를 구성, 기술하는 서사적 요소에 초점을 맞추어 분석함으로써 기존의 윤리 이론이 놓치거나 깨닫지 못했던 사례의 세부를 파악하고자 하는 접근법이다. 하워드 브로디의 『의료윤리: 의학과 문학의 만남』이 국내에 소개되어 있다.

이론을 넘어 개별 사례로 접근하면, 연명의료 중단과 안락사, 임신중절, 유전자 조작과 생명 공학 기술, 피험자 보호와 연구 부정 등의 주제에 관한 책을 꼽아볼 수 있다. 안락사와 임신중절을 다룬 책으로 저명한 법윤리학자인 로널드 드워킨의 『생명의 지배영역: 낙태, 안락사 그리고 개인의 자유』가 번역되어 있다. 유전자 조작과 관련해서 인간 증강/향상을 허용할 것인가가 핵심 쟁점이 되고 있는데, 앨런 뷰캐넌의 『인간보다 나은 인간: 인간 증강의 약속과 도전』은 샌델의 『완벽에 대한 반론』과 달리 허용과 반대 논의를 모두 살피고 있다. 한국 의료윤리, 생명윤리는 황우석 사태가 불러온 연구 부정 관련 논의에서 촉발되었다 해도 과언이 아니기에 연구윤리 관련 책은 다른 주제에 비해 수가 많다. 송성수의 『연구윤리란 무엇인가』는 관련 논의와 이슈를 간략하게 소개하고 있다.

마지막으로, 의료윤리 교육에 관해서는 권복규의 『의료윤리교육 방법론』이 이론부터 실제까지 폭넓게 다루고 있으므로 좋은 참고자료가 될 것이다.

도판 목록

의료윤리

MEDICAL ETHICS

초판 1쇄 발행 2020년 8월 7일
초판 2쇄 발행 2022년 3월 16일

지은이 마이클 던·토니 호프
옮긴이 김준혁
펴낸이 신정민

편집 김승주 최연희
디자인 강혜림
저작권 박지영 이영은 김하림
마케팅 김선진 배희주
브랜딩 함유지 함근아 김희숙 정승민
제작 강신은 김동욱 임현식

제작처 한영문화사(인쇄) 한영제책사(제본)
펴낸곳 (주)교유당
출판등록 2019년 5월 24일
제406-2019-000052호
주소 10881 경기도 파주시 회동길 210
문의전화 031) 955-8891(마케팅)
031) 955-2680(편집)
팩스 031) 955-8855
전자우편 gyoyudang@munhak.com
ISBN 979-11-90277-64-8 03190

- 이 도서의 국립중앙도서관 출판예정도서목록(CIP)은
  서지정보유통지원시스템 홈페이지(http://seoji.nl.go.kr)와
  국가자료종합목록 구축시스템(http://kolis-net.nl.go.kr)에서 이용하실 수 있습니다.
  (CIP제어번호: CIP2020029878)